Gartenfreude rund ums Jahr

Hans Martin Schmidt

GARTENFREUDE RUND UMS JAHR

Was Monat für Monat zu tun ist

blv

Inhalt

Januar

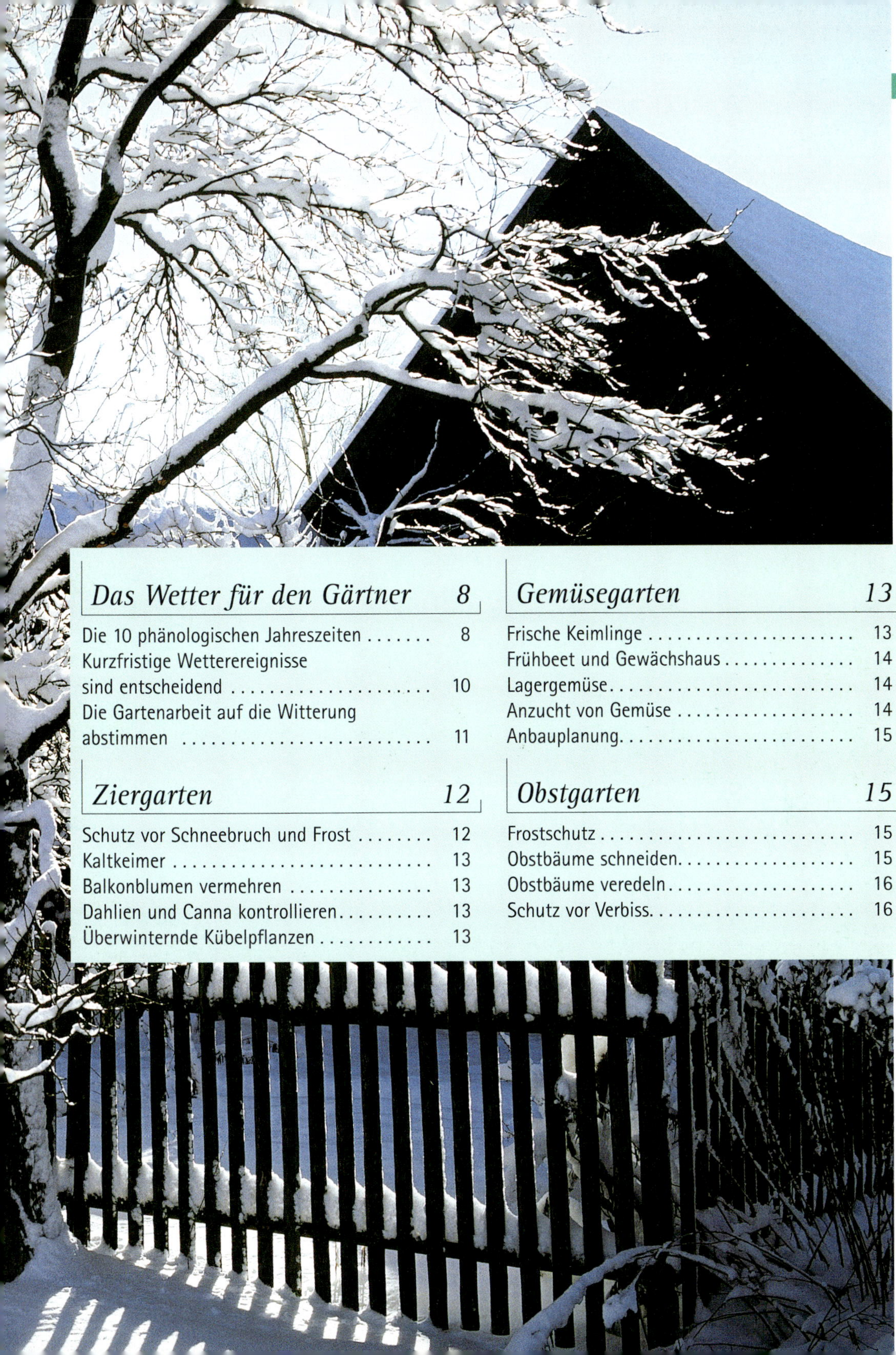

Das Wetter für den Gärtner

Vom Wetter abhängig zu sein, ist gleichzeitig Freude und Qual im Leben eines Gärtners.

Viele Menschen erleben Wetter und Klima zum ersten Mal bewusst, wenn sie sich auf eine Freilufttätigkeit einlassen. Der Garten- und Landbau bezieht aber noch eine Sonderstellung, denn dabei sind nicht nur kurzfristige Wettervorhersagen wichtig, sondern auch das sichere Erkennen jahreszeitlicher Wachstumsphasen. Der sture Blick auf den Kalender ist für Gärtner und Landwirte ein denkbar ungeeignetes Mittel, um ertrag- und erfolgreich durchs Jahr zu kommen. Allein die regionalen Unterschiede machen dies offensichtlich.

Der **Frühling** benötigt bei seinem Zug durch die Bundesrepublik von Südwesten nach Nordosten immerhin fünf bis sechs Wochen. Besonders zu Beginn der Vegetationsperiode klaffen die regionalen Wetterunterschiede stark auseinander. Der **Hochsommer** findet in ganz Mitteleuropa gleichzeitig statt, aber bereits die ersten **Herbst-Fröste** zeigen wieder eine starke regionale Differenzierung.

Da in Mitteleuropa das feuchte, atlantische Klima von Westen und das trockene, kontinentale Klima aus dem Osten wetterbestimmend sind, herrschen nur sehr selten stabile Wetterlagen über längere Zeit.

Für den Gärtner ist der Kalender der Natur mit den phänologischen Wachstumsphasen Grundlage der Arbeit im Freiland. Diese Aussagen beruhen auf jahrhundertelangen Beobachtungen der Natur und wurden uns in vielen Bauernregeln übermittelt. Wer aufmerksam durch Garten und Natur geht, stellt fest, dass uns die Pflanzen die verschiedenen Wachstumsphasen anzeigen.

Die 10 phänologischen Jahreszeiten

Der phänologische Kalender teilt das Jahr in 10 verschiedene Vegetationsphasen oder Jahreszeiten ein, die sich nur selten pünktlich an die im normalen Kalender vorgesehenen Termine halten. Auch bei der Beobachtung phänologischer Wetterzeichen muss man bedenken, dass Schlechtwetterphasen dadurch nicht vorhersehbar sind. Eine Schwalbe macht nun mal noch keinen Sommer.

Das Jahr der Bauern und Gärtner beginnt mit dem **Vorfrühling.** Er zeigt sich durch die Blüte von Schneeglöckchen, Winterling und Haselnuss. Damit beginnen auch die alljährlichen Probleme der Pollenallergiker. Im normalen Kalender liegt diese Zeit zwischen Mitte Februar und Mitte März. Der Vorfrühling endet mit der Krokusblüte und der Blüte von Palmkätzchen und Kornelkirsche.

Gartenarbeiten im Vorfrühling sind die Pflanzung und Aussaat der ersten Gemüse wie Kohlrabi, Kopfsalat, Spinat, Radieschen unter Glas und Folie bzw. Vlies.

Ende März bis Mitte April folgt mit der Blüte der Forsythien und dem Austrieb der Rosskastanie der **Erstfrühling.** Wichtige Gartenarbeiten sind jetzt das Pflanzen von Blumenkohl, Brokkoli und Kopfsalat im Frühbeet oder unter Folie, das Steckzwiebelstecken sowie der Rosen- und Ziergehölzschnitt, vor allem der zurückfrierenden Halbsträucher.

Die 10 phänologischen Jahreszeiten

Jahreszeit	Monate	Kennpflanze	Gärtnerische Arbeiten
Vorfrühling	Feb. – Ende März	Blüte: Haselnuss, Schneeglöckchen Krokus, Salweide	unter Glas: Salat und Kohlrabi pflanzen im Freiland: Spinat, Möhren aussäen
Erstfrühling	Ende März – Mitte April	Blüte: Forsythien, Buschwindröschen Beerenobst, Birnen	unter Glas: Blumenkohl, Brokkoli pflanzen Rosenschnitt, Sommerblumenaussaat
Vollfrühling	Mitte April – Ende Mai	Blüte: Rosskastanien, Birnen, Apfel Himbeeren, Weinlaubentfaltung	unter Glas: empfindliche Gemüse anziehen im Freiland: unempfindliche Sommerblumen säen
nach den Eisheiligen	Mitte Mai		Pflanzen und Säen auch empfindlicher Pflanzen
Frühsommer	Ende Mai – Ende Juni	Blüte: Holunder, Klatschmohn, Liguster Rittersporn, Duftjasmin	Im Freiland: späte Möhren, Winterlauch säen Zweijährige Blumen aussäen, verblühte Stauden zurückschneiden
Hochsommer	Ende Juni – Ende Juli	Blüte: Winterlinde, Phlox, Lavendel Johannisbeeren, Kirschen-Fruchtreife	Chinakohl, zweite Buschbohnen aussäen Obstgehölze – Sommerschnitt, Beerenobst nach der Ernte auslichten
Spätsommer	Anf. Aug. – Ende Aug.	Blüte: Heide, Goldrute, Herbstzeitlose, Fruchtreife: Frühe Äpfel	Heckenschnitt, erste Blumenzwiebeln pflanzen Feldsalat, Spinat aussäen
Frühherbst	Anf. Sept. - Mitte Sept.	Fruchtreife: Schwarzer Holunder, Hagebutten, Rosskastanien	letzte Aussaaten, Lilien, Pfingstrosen, Immergrüne pflanzen Blumenzwiebel pflanzen, letzte Spinataussaat
Vollherbst	Mitte Sept. – Ende Okt.	Laubfärbung: Walnuss Reife: Weintrauben, Apfel, Birnen, Kartoffelernte	Stiefmütterchen und Vergissmeinnicht pflanzen auf erste Nachtfröste achten
Spätherbst	Ende Okt. – Dez.	Laubfall: Rosskastanie, späte Äpfel, späte Weintrauben	Lagergemüse ernten, Garten einwintern, Laubmulch ausbringen letzter Rasenschnitt, Überwinterungsquartiere für Gartentiere schaffen
Winter	Dez. – Feb.	Vegetationsruhe	Obstbaumschnitt, Kalkanstrich, Winterschutz anbringen Gerätepflege, Anbauplanung, Bodenprobe

Der Vorfrühling beginnt mit der Blüte der Haselnuss.

Mit der Birnenblüte geht der Erstfrühling in den **Vollfrühling** über, der uns nun schon ein buntes Meer an Blumen beschert. In dieser Zeit stellen die **Eisheiligen** ein wichtiges Datum für uns Gärtner dar; sie bringen in der Regel Mitte Mai mit einer Kaltwetterphase die letzten Nachtfröste. Ihre Intensität ist regional sehr verschieden. Danach können auch frostempfindliche Pflanzen ins Freie gepflanzt werden. Wenn wir mit dem Pflanzen der kälteempfindlichen Pflanzen diese Tage abwarten, entwickeln sie sich danach um so schneller. Herrscht bereits ab Anfang Mai warmes Wetter, reicht es oft, die empfindlichen Pflanzen in kalten Nächten mit Vlies oder Decken zu schützen.

In ungünstigen Jahren folgt auf die Eisheiligen Anfang bis Mitte Juni die **Schafskälte.** In raueren Lagen kann es dann unter Umständen nochmals zu Nachtfrösten kommen.

Bis Juni wünschen sich Gärtner und Bauer reichlich Niederschläge, um eine zügige Entwicklung der Vegetation zu fördern. Ende Juni, um **Siebenschläfer** (27.6.), wird das Wetter stabiler. Viele Wetterregeln beziehen sich auf diesen Termin.

Das **Azorenhoch** kann jetzt wetterbestimmend werden und bei schwacher Entwicklung an seinem Randbereich wechselnde Westwinde mit reichlich Regen bringen. Baut sich das Azorenhoch groß und mächtig auf, und erreicht Mitteleuropa, so haben wir vorwiegend stabiles, warmes Sommerwetter. Ähnlich wirkt sich ein stabiles Festlandhoch über Russland auf unser Sommerwetter aus, es bringt trockenes und oft heißes Wetter.

Ein weiterer wichtiger Klimafaktor in Mitteleuropa ist das **Islandtief.** Im Sommer bringt es kühles und regnerisches Wetter, im Winter mildes, ebenfalls feuchtes Wetter.

Kurzfristige Wetterereignisse sind entscheidend

Besonders in den Übergangszeiten Frühling und Herbst wird die gärtnerische Fürsorge für unsere Pflanzen von kurzzeitigen Wetterereignissen wie den **Nachfrösten** bestimmt. Mit einiger Erfahrung lassen sich dann unliebsame Überraschungen vermeiden. Besonders gefährlich sind klare Nächte, die auf helle, warme Tage folgen. In diesen Nächten wird die Bodenwärme ungehindert an die Atmosphäre abgestrahlt und dabei trotz hoher Tagestemperaturen sehr leicht der Gefrierpunkt unterschritten.

Der Minimum-Maximum-Thermometer ist ein wichtiges Hilfsmittel für Gartenfreunde.

Die abendliche Thermometerkontrolle ist dann Pflicht. An speziellen Minimum-Maximum-Thermometern lassen sich die nächtlichen Tiefsttemperaturen ablesen. Bei klarer Witterung kann zwischen Abendtemperatur und nächtlicher Tiefsttemperatur eine Differenz von 5 bis 6 °C liegen. Kälteschutz mit Vlies, Luftpolsterfolie, Strohmatten oder Ähnlichem ist dann sehr wichtig.

Besonders im Frühherbst folgen nach den ersten Nachtfrösten oft wieder warme Tage und Nächte. An trüben, regnerischen Tagen verläuft die Temperaturkurve wesentlich flacher.

Aufziehende Regenschauer erkennen

Das sichere Erkennen aufziehender Regenschauer ist zwar nicht einfach, kann aber viel Gießarbeit im Garten ersparen. Aufziehender Dunst und Tröpfchenbildung an den Blatträndern verschiedener Pflanzen (z. B. Kapuzinerkresse oder Frauenmantel) sind neben fallendem Luftdruck typische Regenzeichen. Erkennt man herannahende Unwetter rechtzeitig, können bruchempfindliche Kübelpflanzen wie Wandelröschen (*Lantana*-Camara-Hybriden) rechtzeitig unter Dach gebracht und Gewächshäuser und Frühbeetfenster gegen Sturmböen gesichert werden. Bei **Hagelschlag** kann die Ernte im offenen Frühbeet durch Abdecken mit den Frühbeetfenstern und Luftpolsterfolie oder Strohmatten geschützt werden.

Tipp

Jede Form der Bodenbearbeitung darf nur an trockenen Tagen erfolgen, jedoch bei ausreichender Bodenfeuchte. Um die für eine ausreichende Sauerstoff-Versorgung der Bodenlebenwesen wichtigen Bodenkrümel nicht zu zerstören.

Die Gartenarbeit auf die Witterung abstimmen

Viele Arbeiten im Garten werden sinnvollerweise bei passender Witterung durchgeführt. Einige Beispiele:

- Trübes, regnerisches Wetter ist ideales Pflanzwetter.
- Ist der Boden nicht zu feucht, kann auch ausgesät werden. Bedacht werden muss aber, dass nur extrem starker Regen ein Angießen ersetzen kann.
- Kübelpflanzen akklimatisieren sich im Frühjahr bei regnerischem Wetter leichter als bei starker Sonnenstrahlung.
- Trübes, windstilles, aber trockenes Wetter eignet sich bestens für die Anwendung chemischer und biologischer Pflanzenbehandlungsmittel.
- In den kühleren und von nächtlichem Tau noch feuchten Morgen- und Vormittagsstunden ist die Ernte der Gemüse und der Schnittblumen am besten.
- Heil- und Gewürzkräuter werden bevorzugt an vollsonnigen, nicht zu heißen Tagen geerntet.
- Unkrautbekämpfung mit der Hacke ist an trockenen, heißen Tagen besonders erfolgreich, da das Unkraut dann schnell welkt und abstirbt.
- Hautkontakt mit verschiedenen Doldenblütlern wie der Herkulesstaude kann an sonnigen Tagen zu lebensbedrohlichen Gesundheitsschäden führen.
- Hat man sich dazu entschlossen, Problemunkräuter mit der »chemischen Keule« zu bekämpfen, darf es mehrere Stunden nach der Behandlung nicht regnen.

Wetter und Pflanzenschutz

Der erfahrene Gärtner kennt verschiedene Pflanzenkrankheiten und Schädlinge, die sich wetterabhängig entwickeln. Eine im Frühjahr auftretende Wärmeperiode etwa kann zu einer explosionsartigen Blattlausvermehrung führen. Durch sanfte biologische Mittel lässt sich diese Entwicklung unterbinden oder so lange verzögern, bis die natürlichen Blattlausfeinde den Entwicklungsvorsprung aufholen können.

Trockene, heiße Sommer begünstigen besonders an Obstbäumen, Gurken, Rosen und verschiedenen Blumen den Befall mit Spinnmilben. Auch der Mehltaupilz entwickelt sich unter diesen Bedingungen besonders gut.

Grauschimmel bevorzugt kühle, feuchte Sommer, um dann besonders stark empfindliche Blüten und Früchte wie Erdbeeren zu befallen. Auch die Krautfäule kann dann bei Tomaten und Kartoffeln große Schäden verursachen.

Auch Rosen wachsen bei trübem Wetter besser an.

Arbeiten im Januar

Wir Gärtner wünschen uns einen kalten Januar mit einer dicken Schneedecke als Frostschutz für unsere Pflanzen. Neben gelegentlichen Kontrollgängen ruht die Arbeit im Garten.
Jetzt ist Zeit, um im Geräteschuppen Ordnung zu schaffen. Nur zu oft bleibt diese Arbeit im Sommer liegen. Töpfe und Kisten reinigen, kleinere Reparaturen an den Handgeräten, Kontrolle der Düngervorräte usw. lassen sich jetzt in Ruhe erledigen.

Ziergarten

Immergrüne Gehölze müssen rechtzeitig von schweren Schneelasten befreit werden

Schutz vor Schneebruch und Frost

Nach stärkeren Schneefällen müssen verschiedene Nadelgehölze und Hecken von der übermäßigen Schneelast befreit werden. **Säulenförmig wachsende Koniferen**, wie **Säulenwacholder** und **Säuleneibe** werden bereits vor den ersten Schneefällen mit starken Schnüren oder Bändern zusammengebunden, um dem Schnee keine Angriffsfläche zu bieten.
Kälteempfindliche Gehölze und Stauden leiden stark unter Kahlfrösten. Sie müssen durch eine windsichere Auflage aus Vlies, Stroh, Laub geschützt werden. **Immergrüne Laubgehölze**, wie **Kirschlorbeer** und **Rhododendron** schützen wir mit einer Schattierung aus Vlies oder Reisig vor der zerstörerischen Wintersonne.
Bei nur leichtem Frost können noch Gehölze verpflanzt werden.

Kaltkeimer

Deutscher Name	Botanischer Name	Saat abdecken	im Folienbeutel	Kaltkeimer (Temp. <0 °C)
Eisenhut	*Aconitum*-Arten	X		X
Adonisröschen	*Adonis vernalis*	X		X
Alpenfrauenmantel	*Alchemilla alpina*	X		
Zierlauch	*Allium*-Arten	X		
Anemonen	*Anemone*-Arten	X		X
Akelei	*Aquilegia*-Arten	X		X
Glockenblumen	*Campanula*-Arten	nur grobe Samen	nur feine Samen	
Alpenveilchen	*Cyclamen*-Arten	X		
Rittersporn	*Delphinium*-Arten	X		X
Enzian	*Gentiana*-Arten	X		
Christrosen	*Helleborus*-Arten	X		X
Schwertlilien	*Iris*-Arten	X		
Schlüsselblumen	*Primula*-Arten	X		
Hahnenfuß	*Ranunculus*-Arten	X		X
Steinbrech	*Saxifraga*-Arten		X	
Dachwurz	*Sempervivum*-Arten		X	
Troddelblume	*Soldanella*-Arten	X		
Gartenveilchen	*Viola*-Arten	X		X
Seifenkraut	*Saponaria pumilio*	X		X

Kaltkeimer

An milden Tagen können Kaltkeimer, siehe Tabelle, ausgesät werden.
Dazu füllen wir Aussaat- oder Pikiererde in flache Schälchen oder Töpfe mit Wasserabzug und ziehen die Oberfläche zur Aussaat glatt. Nach dem Andrücken der Samen wird angegossen und mit Erde oder grobem Sand abgestreut. Feine Samen werden nicht abgesiebt. Die Gefäße stellen wir in einen Plastikbeutel, den wir mit einem Gummi verschließen, oder wir decken sie mit einer Glasscheibe, um ausreichend Feuchtigkeit zu erhalten. Danach stellen wir die Schälchen bei frostfreiem Wetter ins kalte Gewächshaus oder den Frühbeetkasten. Obwohl die Kaltkeimer zur Keimung Temperaturen um den Gefrierpunkt benötigen (daher der Name), dürfen sie nicht schlagartig stärkeren Frösten ausgesetzt werden. Langsames Herunterkühlen der Samen schadet dagegen überhaupt nicht.

Balkonblumen vermehren

Im beheizten Gewächshaus beginnen wir mit der Vermehrung der Balkonblumen, indem wir die ersten Stecklinge von **Geranien**, **Fuchsien** und anderen schneiden. **Gazanien** und **Geranien** müssen jetzt schon ausgesät werden, da sie eine besonders lange Entwicklungszeit benötigen und wie die Stecklinge viel Licht.

Dahlien und Canna kontrollieren

Die eingelagerten Dahlienknollen und *Canna*-Rhizome kontrollieren wir nach Faul- und Schimmelstellen. Erkrankte Pflanzenteile entfernen wir sofort.
Gelegentlich werden beim Einräumen im Herbst Schnecken mit eingeschleppt. Sie zeigen sich durch ihre verräterischen Schleimspuren und die abschabenden Fraßstellen. Da sie sich im dunklen Lagerraum nicht verstecken, können sie leicht abgesammelt werden. Sind trotz sorgfältiger Arbeit immer noch Spuren sichtbar, helfen schon geringe Mengen Schneckenkorn oder Ferramol.

Überwinternde Kübelpflanzen

Eingestellte Kübelpflanzen kontrollieren wir auf Blattläuse, Schildläuse und Spinnmilben auf den Blattunterseiten. Bereits bei geringem Befall ist jetzt eine gewissenhafte Bekämpfung mit den entsprechenden Mitteln wichtig, um eine starke Ausbreitung beim Austrieb der Kübelpflanzen in den folgenden Wochen zu verhindern. Zeigen die Pflanzen bereits jetzt neue Austriebe, so stehen sie wahrscheinlich zu warm. Die neuen Triebe entwickeln sich nur minderwertig. Sie werden bereits kurz oberhalb des Ansatzes abgeschnitten. Dabei müssen Augen für einen neuen Austrieb erhalten bleiben.
Werden die Kübelpflanzen in Untersetzern oder gar in Übertöpfen stehend überwintert, kann es bei zu großzügigem Gießen schnell zu Vernässungsschäden kommen, wenn die Töpfe längere Zeit im Wasser stehen. Es empfiehlt sich deshalb, häufiger, aber mit geringeren Wassergaben zu gießen.

Gemüsegarten

Frische Keimlinge

Der winterliche Speisezettel lässt sich leicht durch frische Keimlinge aus eigener Produktion erweitern. Dazu werden im Handel spezielle Keimgefäße und Samen angeboten. **Mung-Bohne**, **Alfalfa**, **Rettiche**, **Kresse** entwickeln sich bei täglichem Wässern innerhalb kurzer Zeit zu köstlichen, vitaminreichen Keimlingen für Soßen und Salate. Kresse lässt sich auch leicht in Schälchen auf Papiertüchern satzweise anziehen. Zwei Aussaaten pro Woche ergeben fortlaufende Ernte.

Frische Keimlinge sind im Winter wichtige Vitaminlieferanten.

Frühbeet und Gewächshaus

Auch bei Temperaturen unter dem Gefrierpunkt lassen sich im Frühbeet und Gewächshaus unter einer Vliesauflage reife Gemüse ernten. Fallen die Temperaturen weiter, ist eine doppelte, kurzzeitig auch eine dreifache Vliesauflage möglich. Zum Schutz vor Grauschimmel wird an milden Tagen das Vlies kurz gelüftet, um Pflanzen und Beete abtrocknen zu lassen. An sonnigen, schneefreien Tagen erwärmen sich Frühbeete und Gewächshäuser sehr stark; dann muss für einige Stunden gelüftet werden. Frühzeitiges Ablüften am Nachmittag hält die Wärme länger im Frühbeet und Gewächshaus. **Wintergemüse** wie **Lauch, Grünkohl** und **Rosenkohl** schützen wir mit einem Vlies vor extremem Winterwetter und Frostschäden.

Frühbeet und Gewächshaus können wir mit Luftpolsterfolie zusätzlich isolieren. Eine sturmfeste Befestigung mit starken Gummibändern, die durch eingesetzte Planenösen geführt werden, ist ratsam. Gegenüber den altbekannten Stroh- und Schilfmatten kann die Folie auch tagsüber auf den Frühbeetfenstern verbleiben. Auch unbeheizte Gewächshäuser muss man gelegentlich abkehren, um Schneeschäden an der Konstruktion zu vermeiden. Bei Foliengewächshäusern mit einer Rohrkonstruktion kann dem gefährlichen Schneedruck durch Unterspreizen von Kanthölzern unter das Firstrohr entgegengewirkt werden. Damit das Kantholz nicht in den Boden gedrückt wird, und damit seine Aufgabe nicht erfüllen kann, unterlegen wir stabile Bretter.

Lagergemüse

Im Keller eingelagertes Gemüse kontrollieren wir ab und zu. Fauliges und beschädigtes Erntegut wird unverzüglich entfernt. Gemüse im Sandeinschlag halten wir ständig mäßig feucht. An milden Tagen können wir Gemüse aus der Erdmiete holen, die wir nachher wieder sorgfältig verschließen.

Anzucht von Gemüse

Mitte des Monats beginnen wir mit der Anzucht von Gemüsejungpflanzen. **Frühe Treib-Kopfsalat** und **Treib-Kohlrabi** werden ausgesät. Für den frühen Anbau eignen sich die Kopfsalatsorten 'Unico', 'Larissa' und 'Clarion'. Frühe Kohlrabisorten sind 'Noriko' (weiß) und 'Azurstar' (blau). Zur Verkürzung der Kulturzeit können auch **Rettiche** wie Kohlrabi und Salat in kleine Töpfchen vorkultiviert werden. Jetzt eignen sich die Sorten 'Neckarruhm', 'Ostergruß' und 'Rex' besonders. Die klein bleibende Sorte 'Eiszapfen' wird wie die **Radieschen** nach der Pflanzung der Gemüsejungpflanzen zwischengesät.

An milden Tagen können **Petersilie** und **Schnittlauch** im Garten ausgestochen werden, um sie in einem Topf in der Küche anzutreiben; damit erhält man auch jetzt frisches Gewürzgrün.

Das Gemüselager bedarf einer regelmäßigen Kontrolle, um der Schimmmelbildung vorzubeugen.

Im warmen Gewächshaus wachsen bereits die ersten, frisch pikierten Salatpflanzen heran.

Anbauplanung

Für eine reiche Ernte aus dem Gemüsegarten ist eine ausführliche Anbauplanung eine wichtige Voraussetzung. Sie gelingt meist aber erst nach ein paar Jahren des Erfahrungssammelns wirklich befriedigend. Ein Gartentagebuch, in dem wir alle Kulturarbeiten, wie Aussaaten, Pflanzzeiten und die ersten Erntetermine der einzelnen Gemüsesätze eintragen, erleichtert uns die Planung erheblich. Es empfiehlt sich auch, alle Düngungsmaßnahmen und Pflanzenbehandlungen einzutragen, um deren Erfolg besser kontrollieren zu können.
Abgerundet werden die Daten im **Gartentagebuch** durch Aufzeichnungen über Wetterbeobachtungen (siehe dazu auch Seite 10). Dabei interessieren besonders die Tageshöchst- und die nächtlichen Tiefsttemperaturen, die sich an einem Minimum-Maximum-Thermometer leicht ablesen lassen. Ergänzt werden die Wetteraufzeichnungen durch Angaben über die Wetterlage, z. B. sonnig, trüb oder windig. Auch die Aufzeichnung der täglichen Niederschlagsmenge gibt wichtige Auskunft über den Witterungsverlauf. Je genauer solch ein Tagebuch geführt wird, desto besser eignet es sich als Grundlage für eine Anbauplanung.
Zur Perfektion gedeihen die Aufzeichnungen, wenn wir die Ergebnisse der immer wieder durchgeführten Bodenproben mit den vorangegangenen Düngemaßnahmen und den Ertragsmengen in Beziehung bringen. Dabei wird sehr schnell klar, dass gerade bei der Düngung der leider sehr häufig praktizierte Grundsatz »Viel hilft Viel« völlig fehl am Platz ist. Aktives Bodenleben macht im Boden gebundene Nährstoffe pflanzenverfügbar.

Obstgarten

Frostschutz

Viele Winterschäden entstehen nicht durch den Frost, sondern durch die Sonne, die ungehindert auf tief gefrorene Pflanzenteile scheint und diese schnell erwärmt. Durch die hohen Temperaturdifferenzen im Gewebe reißen diese an der Oberfläche auf oder streben ab. Zum Schutz vor Frostrissen der Rinde stellen wir zur Beschattung breite Bretter an der Sonnenseite vor die Obstbaumstämme.
Noch besser ist ein Kalkanstrich, der die wärmenden Sonnenstrahlen reflektiert. Dazu reinigen wir die Stämme vorsichtig mit einer Drahtbürste von lockerer Borke, Moos und Flechten. Zur besseren Haftung setzen wir dem Kalk-Lehm-Brei etwas Wasserglas oder Tapetenkleister zu. Will man sich die Arbeit erleichtern, so sind fertige Anstriche auch im Handel erhältlich.

Ein Kalkanstrich trocknet die Rinde und schützt vor Frostrissen.

Obstbäume schneiden

Bei nur leichten Frösten können wir mit dem Baumschnitt beginnen. Unerfahrene Obstbauer informieren sich am besten in

Fachbüchern oder VHS-Kursen über die verschiedenen Schnittmethoden und -techniken. Zur Sicherung des Ertrags und zur Gesunderhaltung der Obstbäume ist der regelmäßige und fachgerechte Schnitt eine der wichtigsten Arbeiten.

Bei jüngeren Bäumen führen wir einen **Erziehungsschnitt** durch, den wir bei alten Bäumen durch einen Überwachungsschnitt ersetzen. Beim Erziehungsschnitt wird eine gut durchlüftete und bis ins Innere besonnte Krone ausgebildet. Steil aufstrebende Äste werden entfernt oder mit Gewichten und Bandschlaufen in die Waagrechte gebunden. Dadurch wird die Bildung von Blütenholz gefördert. Werden die Zweige zu weit nach unten geholt, wird jedoch die Bildung von Wassertrieben angeregt. Bei allen Schnittmaßnahmen ist auf die Wuchsrichtung des nachfolgenden Auges zu achten. Damit sich die Krone rund und gleichmäßig aufbaut, sollte es nach außen zeigen. Leider funktioniert dies nicht immer. Falls das dann austreibende 2. Auge oder Konkurrenzauge austreibt und sich zu sehr zur Kroneninnenseite hin entwickelt, können wir den neuen Trieb im Sommer bis auf das nächste Außenauge entfernen.

An milden Wintertagen werden die Obstbäume geschnitten.

Der **Überwachungsschnitt** beschränkt sich im Wesentlichen auf das Auslichten der Krone, um verstärkt Sonnenlicht ins Innere zu lassen. Dabei werden oft ganze Äste entfernt. Werden zu lange Äste eingekürzt, achten wir darauf, dass wir den Schnitt vor einem ziehenden Ast oder Zweig durchführen. Dieser bereits kräftiger entwickelte und in die gewünschte Richtung weisende Zweig übernimmt sehr schnell die Führungsarbeit des Saftstroms und unterdrückt damit die Bildung der so genannten Wassertriebe. Ab einem Durchmesser von etwa 4 cm werden Schnittstellen mit künstlicher Rinde oder einem anderen Wundverschlussmittel verstrichen.

Bäume mit überaltertem Holz verjüngen wir kontinuierlich. Dabei werden von Jahr zu Jahr alte Äste entfernt und aus den kräftigeren, jüngeren Zweigen eine neue Krone aufgebaut. Verstärktes Blühen und Fruchten sind die Folge.

Obstbäume veredeln

Wollen wir einzelne Bäume veredeln, so ist jetzt die richtige Zeit zum Schnitt der Edelreiser. Dazu entnehmen wir bleistiftstarke Zweige von der Sonnenseite des Unterlagenspenders. Die Reiser werden in Sand oder einer schattigen Stelle im Garten eingeschlagen und bleiben dadurch frisch bis zur Veredlung im Frühjahr.

Schutz vor Verbiss

Die Rinde von Beerensträuchern und Obstbäumen wird gerne von Rehen und Hasen gefressen. Besonders Hasen überwinden bei entsprechendem Hunger auch problemlos Gartenzäune. Müssen wir Verbissschäden befürchten, so sichern wir unsere Obstgehölze mit einem Mantel aus Maschendraht. Abgeschnittene Zweige und Äste lassen wir außerhalb des Gartens liegen, um den Wildtieren damit begehrtes Futter anzubieten. In alten Obstanlagen besteht keine Gefahr für die Bäume durch angefüttertes Wild, so dass wir das Schnittgut hier direkt unter den Bäumen liegen lassen können.

Februar

Gemüse aus dem Garten

Mit einer Anbauplanung können auch in kleinen Gemüsegärten hohe Erträge geerntet werden.

Um gesundes und stets frisches Gemüse zu ernten, ist eine Planung des Anbaus und der Fruchtfolge ein unerlässliches Instrument, besonders für unerfahrene Gärtner. Rechtzeitig vor den ersten Arbeiten im Garten werden den verschiedenen Gemüsearten und -sorten ihre Beete zugewiesen.

Grundlage der Planung stellen die persönlichen Favoriten auf dem Speisezettel dar. Besonders Frischgemüse, wie verschiedene Salate, und Spezialitäten, die nur selten frisch zu kaufen sind, werden dabei bevorzugt.

Ist die Gartenfläche groß genug, steht einer Ausweitung des Anbaus selbstverständlich nichts im Weg. Für die Selbstversorgung mit Gemüse rechnet man 40 m^2 pro Person. Für einen Vier-Personen-Haushalt ergibt sich dabei, einschließlich 20 % Wegefläche, ein Flächenbedarf von insgesamt immerhin ca. 200 m^2, dazu noch Lagermöglichkeiten für die Ernte.

Ein so großer Gemüsegarten erfordert natürlich auch einen entsprechenden Zeitaufwand für Pflanzung, Pflege, Ernte und Verarbeitung der Gemüse, den nicht jeder betreiben will. Auch bereits wesentlich kleinere Gärten können einen wichtigen Beitrag zur gesunden Ernährung mit frischem Gemüse leisten.

Richtige Sortenwahl

Der Fachhandel bietet eine fast unüberschaubare Auswahl an neuen und alten Sorten der einzelnen Gemüse. Bei der Auswahl ist besonders auf die Widerstandsfähigkeit gegen verschiedene Krankheiten, die Schossfestigkeit und klimatische Eignung zu achten. **Keimschutzverpackungen** garantieren sicheres Aufgehen der Samen. Der Preis des Saatgutes darf beim Kauf nur eine untergeordnete Rolle spielen. Durch die Aussaat geeigneter Sorten lässt sich der Anbau einzelner Gemüse über lange Zeit ausdehnen. So sind die Kopfsalatsorten 'Unico' und 'Larissa' für den Frühjahrsanbau im Gewächshaus oder Frühbeet geeignet, gefolgt von 'Reskia' und 'Attraktion' als Frühsommersalat. Für die heißen Sommermonate sind besonders 'Kagraner Sommer' und 'Mirian' geeignet, während 'Milan' eine Spätsommer- und Herbstsorte ist.

Neben der Sortenbeschreibung findet man auf den Samentütchen Hinweise über ideale Aussaatzeiten und Pflanzabstände.

Gemüse für den Garten

Gemüseart	Anbau im	Sorten	Pflanzzeit	Erntezeit	Pflanzabstand	Bemerkung
Blattgemüse:						
Kopfsalat	Frühbeet, Gewächshaus	'Unico', 'Larissa', 'Clarion', 'Siletta'	Febr. – April	Mai - Juli	25 × 25 cm	Mehltauresistente Sorten
	Folie, Vlies	'Reskia', 'Clarion', 'Charan', 'Barbarossa'	März – Mai	Mai – Juli	25 × 25 cm	Mehltauresistente Sorten, 'Barbarossa' ist rotblättrig
	Freiland	Maikönig', Attraktion', 'Mirian', 'Barbarossa', 'Ultra'	Mai – Juli	Juli – Sept.	30 × 30 cm	bewährte Sorten für Sommeranbau, für frühe Pflanzung 'Maikönig'
	Freiland, später mit Vlies	'Milan', 'Mona', 'Rowena', 'Barbarossa', 'Merkur'	Juli – Aug.	Sept. – Nov.	30 × 30 cm	bei stärkeren Frösten mit Vlies schützen
Eissalat	unter Glas, Folie und Vlies	'Saladin', 'Globe', 'Kelly'	März – Mai	Mai – Juli	30 × 30 cm	bilden meist sehr große Köpfe
	Freiland	'Saladin', 'Great Lakes', 'Sioux'	Mai – Aug.	Juli – Nov.	30 × 40 cm	bilden sehr große Kopfe, 'Sioux' ist rotblättrig
Endivien	Freiland, später mit Vlies	Bubikopf', 'Malan', 'Escariol grün', 'Diva', 'Jeti'	Juli – Sept.	Aug. – Dez.	30 × 40 cm	typischer Hochsommer- und Herbstsalat
	Freiland, später mit Vlies	'Goldherz', 'Green curled/Fabula', 'Sally'	Juli – Sept.	Aug. – Nov.	30 × 30 cm	Frisee-Endivien für bunte Salate
Schnittsalat	Freiland	'Salad Bowl', 'Red Salad Bowl'	Mai – Aug.	Juli – Nov.	30 × 30 cm	rot- und grünblättriger Eichblattsalat
	Freiland	'Lollo Bionda', 'Lollo Rossa'	Mai – Aug.	Juli – Nov.	30 × 30 cm	rot- und grünblättriger Schnittsalat mit stark gewellten Blättern
Zichorie	Freiland, später mit Vlies	'Zuckerhut', 'Kristallkopf'	Juli – Aug.	Sept. – Dez.	30 × 30 cm	Herbst- und Wintersalat, leicht bitterer Geschmack
Spinat	unter Glas, Vlies, Freiland	'Monnopa', 'Lavewa'	Frühjahr und Herbst		Reihenabst. 25 cm	Frühjahr- und Herbstanbau, Direktsaat, gut winterhart
Mangold	Freiland	'Lukullus', 'Vulkan' rotblättrig, 'Grüner Schnitt'	Mai	Juli – Dez.	25 × 30 cm	spinatähnliches Gemüse, Pflanzung oder Direktsaat
Radicchio	Freiland	'Palla Rossa'	Juni – Juli	Okt. – Nov.	20 × 20 cm	Kultur wie Endivien, leicht bitterer Geschmack
Feldsalat	Freiland, unter Glas, Vlies	'Dunkelgrüner vollherziger', 'Vit', 'Elan'	Sept. – Nov.	Okt. – Febr.	Reihenabstand 10 cm	idealer Wintersalat
Fenchel	Freiland	'Zefa Fino', 'Cantino', 'Sirio'	April – Juli	Juli – Okt.	25 × 25 cm	Rohkost und Kochgemüse, gegessen werden die dicken Blattstiele
Kohlgemüse:						
Blumenkohl	unter Glas, Vlies, Freiland	'Erfurter Zwerg', 'Celesta', 'Alverda', 'Neckarperle'	April – Juli	Juli – Okt.	50 × 50 cm	für Früh-, Sommer- und Herbstanbau, viele neue Sorten
Brokkoli	Freiland	'Gem', 'Corvet', 'Sparko', 'Marathon', 'Emperor'	Mai – Juli	Juli – Nov.	50 × 50 cm	geerntet werden die grünen Knospen, die ständig nachwachsen
Chinakohl	Freiland	'Hongkong', 'Nippon', 'Granat', 'Chorus', 'Blues'	August	Okt. – Nov.	35 × 35 cm	verträgt keine Hitze, frühe und späte Typen pflanzen
Pak Choi	Freiland	'Joi Choi', 'Pak Choi'	August	Okt. – Nov.	30 × 25 cm	japanisches Gemüse, Verwendung wie Chinakohl o. Mangold
Rosenkohl	Freiland	'Hilds Ideal', 'Rampart', 'Hossa', 'Wilhelmsburger'	Juni	Okt. – Jan.	50 × 60 cm	Frosthartes Wintergemüse
Grünkohl	Freiland	'Halbhoher grüner krauser', 'Frosty', 'Winterbor'	Juni – Aug.	Okt. – Jan.	50 × 40 cm	Norddeutsches Wintergemüse, erst nach den ersten Frösten ernten
Kohlrabi	Frühbeet, Gewächshaus	'Noriko' weiß, 'Azur Star' blau, 'Express Forcer'	März – Mai	Juni – Juli	30 × 25 cm	Treibsorten, gute Partner zu frühem Kopfsalat
	Folie, Vlies, Freiland	'Lanro' weiß, ''Blaro' blau, 'Superschmelz'	Mai – Juli	Juli – Sept.	30 × 30 cm	Sommer- und Herbstsorten, 'Superschmelz' wird sehr groß
Weißkohl	Folie, Vlies, Freiland	Marner Allfrüh', 'Marner September', 'Hidena'	März – Juni	Sept. – Nov.	50 × 50 cm	frühe und mittelfrühe Sorten, steht sehr lange
Rotkohl	Folie, Vlies, Freiland	Marner Frührot', 'Mohrenkopf', 'Hardoro'	März – Juni	Sept. – Nov.	50 × 50 cm	frühe und mittelfrühe Sorten, steht sehr lange

Fortsetzung auf der nächsten Seite

Gemüse für den Garten *(Fortsetzung)*

Gemüseart	Anbau im	Sorten	Pflanzzeit	Erntezeit	Pflanzabstand	Bemerkung
Wirsing	Folie, Vlies, Freiland	'Vorbote', 'Marner September', 'Winterfürst', 'Virosa'	März – Juli	Sept. – Dez.	50 × 50 cm	frühe, mittelfrühe und späte Sorten, steht sehr lange
Fruchtgemüse:						
Salatgurken	Freiland	'Highmark II', 'Hoffmanns Giganta', 'Tanja', 'Klaro'	Mai – Juni	Juni – Okt.	1 Pflanze/m^2	robuste Freilandsorten, großfruchtig 'Highmark' ist die beste Senfgurke
Frühbeet-gruken	Frühbeet, Gewächshaus	'Hoffmanns Produkta', 'Girola', 'Bella', 'Sandra'	Mai – Juni	Juni – Okt.	1 Pflanze/m^2	wärmebedürftige Gurken für Unterglaskultur
Veredelte Gurken	Gewächshaus	'Bella', 'Girola', 'Petita'	Mai	Juni – Okt.	50 × 100 cm	reine Gewächshausgurken zum Hochziehen, hoher Ertrag
Tomaten	Freiland, Gewächshaus	'Hellfrucht', 'Hildares', 'Goldene Königin'	Mai	Juni – Okt.	60 × 60 cm	viele Fruchtformen und Sorten
Fleisch-tomaten	Freiland, Gewächshaus	'Master', 'Amfora'	Mai	Juni – Okt.	60 × 60 cm	große, runde Früchte
Cocktail-tomaten	Freiland, Gewächshaus	'Sweet 100', 'Cherry Bell'	Mai	Juni – Okt.	60 × 60 cm	kleine Früchte, intensiver Geschmack, hoher Ertrag
Zucchini	Freiland	'Ambassador', 'Diamant', 'Gold Rush', 'Black Jack'	Mai	Juni – Okt.	1 Pflanze/m^2	ständige Ernte kleiner Früchte sichert hohen Ertrag
Auberginen	Gewächshaus	'Negro', 'Blacky'	Mai	Aug. – Okt.	60 × 60 cm	sehr wärmebedürftiges Gemüse, die ersten Blüten entfernen
Paprika	Gewächshaus	'Bell Boy' grün/rot, 'Aurora' gelb/rot, 'Merit' gelb/rot	Mai	Aug. – Okt.	60 × 60 cm	wärmebedürftiges Gemüse, die ersten Blüten entfernen
Wurzelgemüse:						
Radieschen	unter Glas, Vlies, Freiland	'Boy', 'Chery Bell', 'Raxe', 'Riesenbutter', 'Cyros'	März – Sept.	April – Okt.	10 × 20 cm	ideales Begleitgemüse zu den Hauptkulturen, viele Sorten
Rettiche	unter Glas, Vlies, Freiland	'Eiszapfen', 'Münchner Bier', 'Neckargruß', 'Aspro'	März – Aug.	Mai – Okt.	25 × 25 cm	je nach Sorte, Anbau von Frühjahr bis Winter
Möhren	Vlies, Folie, Freiland	'Pariser Markt' rund, 'Nantaise' 'Juwarot'	März – Juli	Juli – Nov.	Reihenabstand 25 cm	Je nach Sorten, Anbau von Frühjahr bis Herbst, lange Keimzeit
Knollen sellerie	Freiland	'Bergers weiße Kugel', 'Monarch', 'Dolvi'	Mai – Juli	Okt. – Nov.	40 × 40 cm	Jungpflanzen vor Frost schützen
Rote Rüben	Freiland	'Rote Kugel', 'Forono', 'Amigo', 'Monalisa'	Mai – Juni	Okt. – Nov.	25 × 30 cm	Herbst- und Wintergemüse
Schwarz-wurzel	Freiland	'Hoffmanns schwarzer Pfahl'	März	Okt. – Nov.	Reihenabstand 30 cm	Herbstgemüse, Direktsaat, lockerer Boden notwendig
Hülsenfrüchte:						
Markerbsen	Freiland	'Lancet', 'Progress 9', 'Kelvex', 'Markana'	April – Mai	Juli	Reihenabstand 40 cm	Zweige oder Stäbe dazwischen stecken, damit die Ranken halt finden
Buschbohnen	Freiland	'Maja', 'Groffy', 'Goldjuwel', 'Purple Teepee'	Mai – Juli	Aug. – Okt.	Reihenabstand 50 cm	Satzweiser Anbau, Vorkultur in Töpfen
Stangen bohnen	Freiland	Bertina', 'Neckarkönigin', 'Blauhilde', 'Hiltrud'	Mai	Juli – Okt.	Stangenabst. 1,0 × 0,6 m	5–6 Korn/Stange, Vorkultur in Töpfen vorteilhaft
Feuerbohnen	Freiland	'Preisgewinner', 'Desiree', 'Butler'	Mai	Juli – Okt.	Stangenabst. 1,0 × 0,8 m	5–6 Korn/Stange, Vorkultur in Töpfen vorteilhaft
Zwiebel-gemüse:						
Speisezwiebel	Freiland	'Stuttgarter Riesen', 'Lange Birn', 'Piroschka' (rot)	März	Juli – Aug.	25 × 10 cm	als Steckzwiebel kaufen und stecken
Speisezwiebel	Freiland	'Zittauer Gelbe', 'Superba', 'Braunschweiger' (rot)	Febr. – März	Juli – Aug.	Reihenabstand 25 cm	als Säzwiebel aussäen
Speisezwiebel	Freiland	'Senshyu Yellow', 'Weiße Frühlingszwiebel'	Aug. – Sept.	März – Mai	Reihenabstand 25 cm	Winterzwiebel zur Überwinterung auf dem Beet
Porree	Freiland	'Bavaria','Hannibal', 'Blaugrüner Winter','Titan'	Mai – Juni	Okt. – März	30 × 15 cm	tief pflanzen oder später anhäufeln

Ein Gemüsebeet anlegen

Ein Grundriss des Gartens erleichtert die Planung.

Die Beete sollen 1,0 m bis 1,2 m Breite haben, die dazwischen liegenden Wege 30 cm bis 40 cm breit sein.

Ist genügend Fläche vorhanden, lässt sich der Garten durch ein Wegkreuz gliedern. Das schafft genügend Platz für den Einsatz einer Schubkarre und ergibt eine Aufteilung in **vier Parzellen,** wie wir sie auch beim klassischen Bauerngarten vorfinden. Damit trägt man den verschiedenen Nährstoffansprüchen unserer Gemüsearten am einfachsten Rechnung.

1. Quartier: Starkzehrer
2. Quartier: Mittelzehrer
3. Quartier: Schwachzehrer
4. Quartier: Dauerkulturen und Kulturen ohne Fruchtwechsel

Nährstoffbedarf verschiedener Gemüsearten:

Schwachzehrer: Zwiebel, Bohnen, Erbsen, Feldsalat, Spinat, Kopfsalat, Möhren, Radieschen, Postelein

Mittelstarkzehrer: Rettich, Tomaten, Gurken, Lauch, Kohlrabi, Fenchel

Starkzehrer: alle anderen Kohlarten, Sellerie, Kartoffel, Rote Rüben, Kürbis

Von Jahr zu Jahr rücken die angebauten Gemüsearten jeweils ein Quartier weiter, so dass die Mittelzehrer den Starkzehrern und die Schwachzehrer den Mittelzehrern folgen. Vor den Starkzehrern wird die Parzelle mit einer Gabe kompositiertem Stallmist gedüngt (siehe Düngung Seite 47). Eine Bodenuntersuchung (siehe Seite 45) gibt Auskunft über den Düngerbedarf der einzelnen Quartiere.

Beete, auf denen Dauerkulturen aufgelöst werden, reihen sich einmalig in dieses Bäumchen-

Vorschlag für eine Beetaufteilung. ① Starkzehrer, frisch gedüngt, darauf folgen die Mittelzehrer ② und die Schwachzehrer ③. Im Quartier ④ stehen die Dauerkulturen.

wechseldich-Spiel ein. Damit wird der zur Ertragssicherung und Gesunderhaltung notwendige Fruchtwechsel automatisch berücksichtigt. In den Gartengrundriss zeichnen wir die Beete ein und unterteilen diese in einzelne Monatsabschnitte. Im Freiland von März bis November, im Frühbeet und Gewächshaus von Januar bis Dezember. Von diesem Grundriss fertigen wir uns einige Kopien an, um mehrere Planungsvarianten darzustellen.

Hauptkulturen mit langen Standzeiten, wie Kopfkohlarten, Sellerie und Stangenbohnen, bilden das Gerüst der Anbauplanung. Sind ihnen ihre entsprechenden Plätze zugewiesen, werden sie durch **Vor- und Nachkulturen** ergänzt. Dafür eignen sich schnellwachsende Gemüse wie Salate, Radieschen oder Spinat.

Fruchtwechsel sichert gute Erträge

Die Hauptkulturen können auch als Grundlage für den Fruchtwechsel dienen. Stehen die gleichen Gemüsearten zwei oder mehrere Jahre auf dem gleichen Beet, führt das zu einem einseitigen Nährstoffentzug und zu Mangelerscheinungen. Krankheiten und Schädlinge sind die logische Folge. Um dies zu vermeiden, dürfen keine Gemüsearten der gleichen Familien aufeinander folgen. Frühestens nach drei Jahren ist dies wieder möglich. Bei der Anbauplanung gilt es, dies zu berücksichtigen.

Mitglieder wichtiger Pflanzenfamilien sind:

Hülsenfrüchte: Bohnen, Erbsen
Doldenblütler: Sellerie, Petersilie, Dill, Fenchel, Möhren
Korbblütler: Salate, Chicoree, Schwarzwurzel, Endivien
Nachtschattengewächse: Tomaten, Auberginen, Paprika, Kartoffeln
Liliengewächse: Lauch, Zwiebel
Gänsefußgewächse: Spinat, Rote Rüben, Mangold
Baldriangewächse: Feldsalat

Der Anbau einiger Gemüse, wie Kartoffeln, Lauch oder Buschbohnen verbessert die Krümelstruktur des Bodens. In jungen bzw. vernachlässigten Gärten kann man die Bodengare mit ihrem Anbau fördern. Bleiben einzelne Beete ungenützt, sollten sie sich unter einer Gründüngung (siehe Seite 129) erholen dürfen.

Die Kulturdauer

Eine weitere wichtige Größe bei der Anbauplanung ist das Wissen um die richtige Anbauzeit und die Dauer der Kultur. Dabei spielt auch das Klima eine große Rolle. In wärmeren Weinbaugebieten kann meist schon etwas früher gepflanzt oder gesät werden als auf dem Samentütchen angegeben ist. In raueren Lagen ist dies oft erst einige Zeit später möglich. Empfindlichere Gemüsearten gedeihen dort unter Umständen nur unter dem Schutz eines Frühbeetes oder im Gewächshaus. Zieht man die Jungpflanzen in der Wohnung oder unter Glasschutz an, können die Gartenbeete in dieser Zeit noch anderweitig genützt werden. Sind die Pflänzchen entsprechend entwickelt, wachsen sie auch unter ungünstigen Bedingungen schnell und sicher an. An dieser Stelle ist auch zu überlegen, ob die aufwändige Anzucht von Gemüsepflanzen durch den Kauf von Jungpflanzen eingespart werden kann.

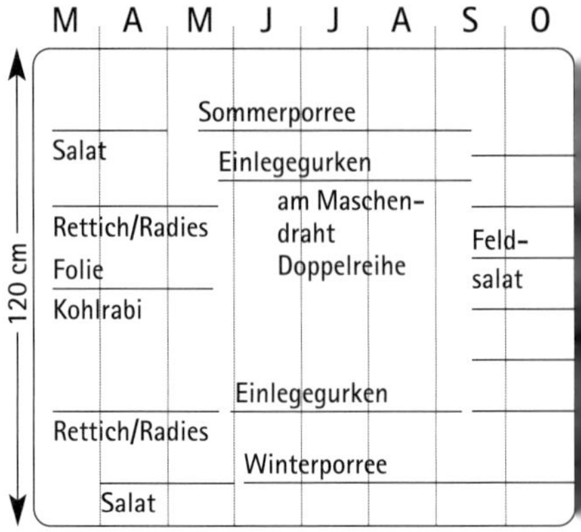

Beispiel einer Anbauplanung und Planungshilfe für den eigenen Anbauplan (Transparentpapier auflegen und wiederholt durchpausen)

In Gärtnereien erhält man meist die neustesten Sorten und kann sich über Eignung und Kulturansprüche beraten lassen.

Mischkultur

Sie kann den Gesamtertrag im Gemüsegarten erhöhen. Mit Hilfe der Mischkultur versucht man, sich positiv beeinflussende Gemüsearten miteinander zu kombinieren.

Erdbeeren und Schnittlauch, zwei länger stehende Kulturen, die sich in einer Mischkultur gut ergänzen.

Selbstverständlich brauchen die einzelnen Pflanzen genügend Platz, um sich zu entwickeln. Zu bedenken ist aber, dass die Mischkultur eine exakte Anbauplanung erschwert, da zu unterschiedliche Entwicklungsstadien auf einem Beet stehen. Ist man ein noch unerfahrener Gemüseanbauer, ist es besser, sich auf wenige Gemüsearten pro Beet zu beschränken.

Da die Umsetzung eines Anbauplans äußeren Faktoren wie Wetter, Bodenzustand und gärtnerischem Geschick unterliegt, erfordert es eine gehörige Portion an Erfahrung und wird wohl nur selten beim ersten Versuch klappen. Doch ist eben noch kein Meister vom Himmel gefallen.

Für die Mischkultur geeignete Partner sind:

Sellerie – Blumenkohl
Sellerie – Tomaten
Tomaten – Kopfsalat
Kopfsalat – Radieschen
Radieschen – Buschbohnen
Späte Möhren – Lauch
Lauch – Erdbeeren.

Neue Gemüsearten, die man einmal ausprobieren sollte:

Auberginen oder Eierfrucht
wärmebedürftiges Gemüse für das Gewächshaus. Pflanzung ab Mitte Mai, Ernte ab August. Wichtiger Pflegetipp: nur 3–4 Früchte ausreifen lassen.

Zuckermelonen:
wärmebedürftiges Kürbisgemüse, Pflanzung ab Mitte Mai, Ernte ab Juli. Den Haupttrieb nach 3 Blättern abschneiden, da die Seitentriebe besser tragen, nur 4–5 Früchte reifen lassen.

Asia Salat:
verschiedene Gemüsearten, deren Blätter wie Schnittsalat geerntet und zubereitet werden. Aussaat direkt ins Freiland ab Mitte Mai.

Neuseeländer Spinat:
hat eigentlich wenig mit Spinat zu tun. Guter Bodendecker zwischen Tomaten, kann den ganzen Sommer geerntet werden.

Vlies, Folie und Frühbeet

Eine wesentliche Ertragssteigerung erreicht man durch den Einsatz von **Lochfolie** oder **Kälteschutzvlies.** Damit lassen sich Pflanzung und Ernte bis zu einigen Wochen verfrühen. Entsprechend können wir dadurch im Herbst die Ernte hinauszögern.

Über die Kulturen ausgebreitete Vliese gewährleisten auch im Frühbeet und Gewächshaus einen zusätzlichen Kälteschutz.

Die Aubergine oder Eierfrucht, ein aus der Mittelmeerküche bekanntes Gemüse, lässt sich auch bei uns ziehen.

Tipp

Besonders bei den Salaten wurden in den letzten Jahren sehr viele neue, auch rotblättrige Sorten gezüchtet, deren Anbau einen Versuch wert ist. Sie sind nicht nur schmackhaft, sondern bringen auch Farbe in das oft eintönig grüne Gemüsebeet.

Köstlich – Salate in verschiedenen Blattformen und -farben aus dem eigenen Garten.

Wintergemüse wie Feldsalat im **Frühbeet** kann dann fast den ganzen Winter über geerntet werden. Im Frühbeet Mitte März gepflanzter Kopfsalat ist Mitte Mai erntereif, dazwischen gesäte Radieschen sind bereits Anfang Mai fertig. Werden die Radieschen zügig geerntet, so hat der Salat genügend Platz, sich fertig zu entwickeln. Genau rechtzeitig, um Gurken oder Zucchini nachzupflanzen. Sind diese im Herbst nach den ersten Frösten erfroren, kann Feldsalat, Spinat oder Postelein folgen und unter dem Schutz von Frühbeetfenster und Vlies bis zum folgenden März bereits wieder abgeerntet sein.

Bau eines Frühbeetkastens

Frühbeetkästen verlängern die Nutzungsmöglichkeiten im Garten erheblich und sichern eine Ernte über das ganze Jahr.

Zunächst sollte der optimale Platz gewählt werden. Eine sonnige, freie Fläche ist dabei ideal, sie gewährleistet eine schnelle Erwärmung und eine gute Belüftung des Kastens.

Für eine Familie reicht ein Frühbeet mit 3–4 Fenstern aus, was einer Grundfläche von 1,5 m × 3–4 m entspricht.

Weit verbreitet sind Stabilex-Fenster mit einer zweischeibigen Verglasung. Die Scheiben haben ein Normmaß von 144 cm × 46 cm; das ergibt mit dem Rahmen eine Größe von 150 cm × 100 cm des Frühbeetfensters. Eine Alternative sind Holzrahmenfenster mit entsprechenden Kunststoffplatten aus Polykarbonat oder Hart-PVC. Auch hier empfiehlt es sich, die Abmessungen den Standardgrößen der Platten anzupassen. Holzrahmen mit Kunststoffplatten sind leichter als Stahlfenster, haben aber eine geringere Haltbarkeit.

Am einfachsten und schnellsten lässt sich ein Frühbeetkasten aus Holzbrettern bauen, eine Wandstärke von 25–30 mm ist ratsam. Ringsum empfiehlt es sich, den Kasten ca. 10 cm tief in den Boden einzulassen. Eine Verankerung im Boden erfolgt mittels Holzpfählen in den Ecken und bei größeren Kästen alle zwei Meter an den Längsseiten.

Der Kasten hat idealerweise an der Südseite eine lichte Höhe von 20 cm und an der gegenüber liegenden Seite 30 cm. Durch die daraus entstehende leichte Neigung der Frühbeetfenster kann Licht und Wärme der Sonne optimal genützt werden, Regenwasser fließt gut ab. An der niedrigeren Seite werden für die Frühbeetfenster Anschläge aus Holzlatten oder Metallprofilen montiert, um einen sicheren Halt zu gewährleisten. Zur Belüftung des Kastens werden an der höheren Seite ca. 20 cm lange Dachlattenstücke zwischen Kasten und Fensterrahmen gestellt. Bei kühler Witterung ist es oft ausreichend, jedes zweite Fenster zu lüften. Gegen starke Kälte kann der Kasten mit einer Strohmatte oder Luftpolsterfolie abgedeckt werden. Die transparente Folie kann auch tagsüber auf den Fenstern liegen bleiben. Als Kälteschutz kann man im Kasten ein Vlies direkt auf die Pflanzen legen.

Als Sonnenschutz im Sommer sind Schattiermatten erhältlich. Eine preisgünstige Alternative ist Kalk, Lehm oder Mehl, in Wasser gelöst als Schattierfarbe.

In einem so perfekt gebauten Frühbeet macht die Jungpflanzenanzucht Spaß.

Arbeiten im Februar

Nach alten Wetterregeln sollte der Februar kalt und stürmisch sein, um ein baldiges, warmes Frühjahr folgen zu lassen. Die Kraft der Sonne wird stärker. Seit der Wintersonnenwende hat die Tageslänge um 1–1½ Stunden zugenommen.
Im Dezember und Januar erscheinen die neuen Kataloge der Samenfirmen und Pflanzengesellschaften. Wir nützen die ruhige Zeit zu deren ausführlichem Studium. Ergänzend dazu können wir uns beim Samenkauf im Fachhandel ausführlich beraten lassen.

Ziergarten

Sträucher und Hecken verjüngen

Bei gemäßigtem Frost kann mit dem Verjüngen der sommerblühenden Ziersträucher und Hecken begonnen werden. Da diese Sträucher nur an relativ jungem Holz gut blühen, ist ein regelmäßiger Rückschnitt im Abstand von 2–3 Jahren empfehlenswert.
Mit Astsäge oder Astschere entfernen wir die alten, weniger blühwilligen Äste und Zweige. Zu zaghafter Schnitt, bei dem die Triebe nur wenig gekürzt werden, führt zur hässlichen Besenbildung. Wir schneiden entweder

Alte, blühfaul gewordene Sträucher wie diesen Bauernjasmin *(Philadelphus)* verjüngen wir, indem wir ältere Triebe bodennah herausschneiden (kleines Bild). So schaffen wir Licht und Luft für den Neutrieb.

direkt über dem Boden oder über kräftigen Neutrieben. Dabei beachten wir die natürliche Wuchsform (Habitus) der einzelnen Sträucher.
Die frühlingsblühenden Gehölze schneiden wir nach der Blüte, da wir bei einem Schnitt zum jetzigen Zeitpunkt einen wesentlichen Teil der Blüten entfernen würden. (Siehe Tabelle) Lässt sich ein Rückschnitt vor der Blüte nicht vermeiden, ist er grundsätzlich möglich.
Die abgeschnittenen Zweige von Forsythie, Zierjohannisbeere, Birke, Kirsche, Spiere, Kastanie usw. können wir als Frühlingsboten in die Vase stellen. Dazu nehmen wir ein undurchsichtiges Gefäß. Die Zweige werden an der Schnittstelle mit einem Hammer kurz leicht aufgeschlagen. Durch die aufgerissene Schnittstelle kann der verholzte Zweig mehr Wasser aufnehmen. Die Entwicklung in der Vase wird gesteigert, wenn wir die Zweige in heißes Wasser einstellen, dem wir eine kräftige Prise Zucker zusetzen.

Balkonblumen auf Stecklingen anziehen

Im beheizten Gewächshaus oder am Fensterbrett beginnen wir gegen Mitte des Monats mit der Aussaat der Balkonblumen mit längerer Entwicklungszeit. Heliotrop, Feuersalbei, Lobelien, Eisenkraut und Fleißige Lieschen gehören dazu. Die im Januar gesteckten Stecklinge sind angewachsen und können in größere

Eine Folienabdeckung schützt die frisch gesteckten Geranienstecklinge vor zu starker Verdunstung.

Töpfe getopft werden. Weitere Stecklinge können auch von anderen Arten geschnitten werden. Nach dem Anwachsen im Topf werden die Beet- und Balkonblumenpflanzen pinziert. Dabei wird mit den Fingern vorsichtig die Triebspitze ausgekneift oder herausgebrochen. Durch diese Maßnahme fördern wir die Seitentriebbildung und erhalten schöne, buschig-kompakte Pflanzen. Reichen uns die bewurzelten Stecklinge noch nicht aus, so verzichten wir auf das Pinzieren und schneiden die heranwachsende Triebspitze bei ausreichender Größe als einen zweiten Steckling. Die Spitzen der sich entwickelnden Seitentriebe werden ebenfalls ausgebrochen. Bis Mitte März können wir diese Arbeit regelmäßig wiederholen, um kompakte Pflanzen zu erhalten.

Frühjahrskur für Kübelpflanzen

Überwinterte Kübelpflanzen werden umgetopft, frisch gedüngt und zurückgeschnitten. Verwenden wir Langzeitdünger, empfiehlt es sich, den Düngetermin aufzuschreiben bzw. im Tagebuch zu notieren. Am besten machen wir uns bereits jetzt einen Vermerk im Kalender, um im Sommer rechtzeitig nachzudüngen.
Alle Pflanzen im Gewächshaus werden auf Schädlinge, besonders Blattläuse, kontrolliert, die bei Bedarf sofort bekämpft werden.

Gemüsegarten

Gartenbau ist Erfahrungssache

Unser Gartentagebuch (siehe Seite 15) erweist sich bei der Beschaffung von Saatgut für das neue Gartenjahr als wichtiges Hilfsmittel. Haben wir während des letzten Jahres Aufzeichnungen gut geführt, können wir schnell feststellen, welche Arten und Sorten sich bewährt haben, welche noch mal eine Chance bekommen und welche für unsere Klima- und Gartenbedingungen ungeeignet waren.

Keimprüfung

Ältere Sämereien werden auf Keimfähigkeit überprüft, indem man einige Körner auf einem feuchten Küchentuch aussät und unter Keimbedingungen etwa zwei Wochen lang beobachtet. Erfolgt keine Keimung, kann das Saatgut getrost auf den Kompost wandern. Besonders kurzlebige Samen sind alle Doldenblütler, wie Sellerie, Fenchel, Petersilie, Karotten, und Liliengewächse wie Lauch und Zwiebel. Sie sind bereits nach 1–2 Jahren nicht mehr keimfähig. Das Saatgut der Kürbisgewächse wie Melonen, Kürbisse, Gurken und Zucchini hält mit 4–6 Jahren besonders lange.

Gemüse aussäen

Pflanzen für den folgenden Kohlrabi- und Salatsatz werden ausgesät. Wir verwenden die gleichen Sorten wie im Januar, jedoch kommt Blumenkohl hinzu. Gut geeignet für den Ganzjahresanbau sind die Sorten 'Erfurter Zwerg' und 'Celesta'.
Die im Januar ausgesäten Gemüse sind gekeimt und müssen nun pikiert werden. Dabei werden die kleinen Pflänzchen mit Hilfe eines Pikierstabes bis zu den Keimblättern in die Erde gesetzt, überlange Wurzeln werden abgezwickt. Als Pikiergefäße eignen sich Multitopfplatten mit einem Topfdurchmesser von 3–5 cm. Damit erhalten wir stabile Wurzelballen, die sich leicht pflanzen lassen. Als Substrat nehmen wir Pikier- oder Aussaaterde.

Gemüsekultur im Frühbeet

Offene Frühbeete werden mit Fenstern abgedeckt, damit sie bis zur späteren Bodenlockerung abtrocknen können. Für die frühen Gemüsesätze können wir uns einer biologischen Frühbeetheizung bedienen. Dabei wird die Rottewärme von frischem Mist, am besten Pferdemist, genützt.
Wir gehen folgendermaßen vor: zunächst wird der Frühbeetkasten ca. 50 cm tief ausgeschachtet. Nun wird eine ca. 30 cm dicke Schicht Pferdemist eingebracht und kräftig festgetreten; zu trockener Mist wird zum Abschluss kräftig gewässert. Hat man noch Herbstlaub zur Verfügung, bringt man direkt auf die Mistschicht eine ca. 5 cm hohe Zwischenschicht aus Laub ein. Darauf folgt eine ca. 20 cm starke Erdschicht aus verrottetem Kompost oder Mistbeeterde, so dass zwischen Erde und Frühbeetfenster noch etwa 20 cm Luft bleibt. Abschließend mit Frühbeetfenstern und Strohmatten oder Luftpolsterfolie abdecken. Überschüssige Erde des Aushubs kann in die Gartenbeete eingearbeitet werden. Innerhalb einer Woche entwickelt sich eine angenehme Bodenwärme. Eine Mist- oder Laubpackung um den Kasten erhöht die Isolierung. Vor der Bestellung des Kastens muss reichlich gelüftet werden, damit die anfänglich entstehenden Ammoniakgase entweichen können.

Tipp

Schwarze, mit Wasser befüllte Plastikschläuche nehmen die Wärme des Tages auf, um sie für die Nacht zu speichern. Eine Vliesauflage direkt auf den frisch gesetzten Pflanzen schützt vor niedrigen Nachttemperaturen.

Danach kann der Kasten mit den ersten Kopfsalatpflanzen bepflanzt werden. Dabei achten wir darauf, die Salatpflanzen nicht zu tief zu pflanzen, um der Salatfäule vorzubeugen. Haben die jungen Pflanzen einen stabilen Wurzelballen entwickelt, werden sie praktisch nur leicht in den Boden gedrückt. Kohlrabi, Pflanzrettiche und Radieschen passen als Mischkultur gut dazu. Kohl- und Rettichpflanzen setzen wir bis zu den Keimblättern in die Erde.
Ein Thermometer im Frühbeet informiert über die Temperatur. Steigt sie über 20–22 °C an, muss gelüftet werden. Frühzeitiges Ablüften hält die Wärme im Kasten.

Rundknospen werden die Schadbilder der Johannisbeermilbe genannt. Dabei schwellen die Knospen unförmig an und sterben anschließend ab.

Die Spitzendürre *(Monilia)* befällt Steinobstarten. Bereits im Frühsommer sind dann die vertrockneten Blätter und Früchte an den Triebspitzen zu sehen.

Obstgarten

Beerensträucher auslichten und kontrollieren

Bereits zu Beginn des Monats bedürfen die Beerensträucher eines kritischen Blicks. Falls sie nicht im Sommer nach der Ernte ausgelichtet wurden, ist dies nun nachzuholen. Da die Triebe direkt oberhalb des Bodens abgeschnitten werden, ist ein milder, schneefreier Tag ideal.

Sind Zweige der Stachelbeeren vom Amerikanischen Stachelbeermehltau befallen, werden sie bis tief ins gesunde Holz herausgeschnitten und entsorgt.

Von der Johannisbeermilbe befallene Knospen erkennt man an ihrer aufgeblasenen Form. Sie werden ausgebrochen und ebenfalls mit dem Hausmüll entsorgt. Entdecken wir sehr starken Befall, schneiden wir die ganzen Triebe heraus.

Obstbäume schneiden und veredeln

Der Obstbaumschnitt kann weiterhin durchgeführt werden. Bäume, die wir zur Veredlung vorgesehen haben, schneiden wir nun fast bis zur Veredlungsstelle zurück. Der endgültige Schnitt erfolgt erst unmittelbar vor der Veredlung. Der jetzt vorgenommene Rückschnitt provoziert einen Saftstau und die Bildung wundheilender Stoffe, was ein Anwachsen der Edelreiser begünstigt.

Gegen Ende des Monats können auch frostempfindliche Obstgehölze wie Weinreben, Brombeeren, Aprikose und Pfirsich geschnitten werden. Bei zu starken Frösten würden ihre Triebe nach dem Schnitt noch weiter zurückfrieren.

Steinobstarten, vor allem Sauerkirschen, Kirschen, Aprikosen und Pfirsich, kontrollieren wir aufmerksam auf *Monilia* befallene Zweige. Diese Krankheit zeigt sich durch anhaftende, nach unten weisende Blätter. Erkrankte Zweige schneiden wir bis mehrere Zentimeter ins gesunde Holz radikal heraus. Die Zweige werden verbrannt oder in der Mülltonne entsorgt.

Obstlager kontrollieren

Eine wichtige Arbeit im Obstlager ist die ständige Kontrolle der Früchte, wobei faulige und angeschlagene Früchte sofort entfernt werden. Ausgiebiges Lüften an milden Tagen hält das Obst frisch.

März

Frühlingserwachen

Der Frühling zieht ins Land. Blühende Zwiebelblumen und Zieräpfel bringen Farbe und Leben in den Garten.

Bei den alten Römern begann das Jahr mit dem Monat März, als Zeichen der beginnenden Aktivität bei Tier und Pflanze. Wenn man sich ein wenig mit der Natur und dem Garten beschäftigt, merkt man sehr schnell, dass die wenigsten Dinge wirklich nach dem Kalender ablaufen. So ist das Aufwachen der Natur aus dem Winterschlaf sehr stark von der herrschenden Wetterlage bestimmt. Auch wenn der Winter immer wieder mit Schneegestöber und Glatteis dazwischen funkt, rückt der Frühling doch unaufhaltsam näher.

Im Frühbeet und Gewächshaus spüren wir die Kraft der Sonne und die längeren Tage schon deutlich. Auch im Garten begrüßen die ersten Blumen wie Schneeglöckchen, Krokus und Winterling die herannahende Frühlingszeit. An allen Ecken und Enden bereitet sich die Pflanzen- und Tierwelt auf die neue Wachstumsperiode vor.

Frühling in Frühbeet und Gewächshaus

Auch uns Gärtnern juckt es in den Fingerspitzen, um die in den vergangenen Wochen gemachten Pläne in die Tat umzusetzen. Gründüngungspflanzen, die wir im Spätsommer und Herbst auf die freien Beete ausgesät haben, sind nun zerfroren und bereits teilweise verrottet. Die gröberen Pflanzenteile graben wir flach in die Beete unter, um damit die obere Bodenschicht zu lockern. Anschließend werden die Frühbeete mit Fenstern abgedeckt, damit sich der Boden erwärmen kann. Gegen Ende des Monats ist dann auch schon die richtige Zeit, um darauf die ersten Gemüse zu pflanzen oder zu säen. Auch im Frühbeet wird es jetzt Zeit die ersten Gemüse zu pflanzen oder Jungpflanzen aus Samen anzuziehen. Für die kalten Nächte halten wir Frostschutzmatten aus Stroh oder Luftpolsterfolie zum zusätzlichen Abdecken bereit. Wassergefüllte, schwarze Folienschläuche zwischen den Pflanzen speichern die Tageswärme und sorgen somit für höhere Nachttemperaturen. Dadurch lässt sich die Ernte gegenüber den Pflanzen unter Vlies oder Folie verfrühen.

Im Gewächshaus ist schon Hochbetrieb, besonders wenn es mit einer zuverlässigen Heizung ausgerüstet ist. Dort können jetzt bereits die ersten Blumen ausgesät werden.

Balkon- und Kübelpflanzen

Hat man Balkonpflanzen überwintert, so müssen diese nun in neue Erde getopft und gedüngt werden. Ist genügend Platz vorhanden, kann man schon direkt in die Kästen und Schalen pflanzen, die dann nach den Eisheiligen ins Freie gestellt werden. Möchte man die vorhandenen Blumenpflanzen im Mai mit neuen Pflanzen ergänzen, senkt man einen leeren Blumentopf an die dafür vorgesehene Stelle in die Erde ein und hat dann genügend Platz für den Erdballen der neuen Pflanzen. Auch Kübelpflanzen und Bäumchen werden jetzt umgetopft und frisch gedüngt.

Wollen wir sicher gehen, dass unsere überwinterten Balkonblumen und Kübelpflanzen im Mai rechtzeitig zur Blüte kommen, ist gegen Mitte des Monats die letzte Gelegenheit für einen Rückschnitt. Wichtig ist es, beim Stutzen alle Triebspitzen zu entfernen, um mit einem kräftigen Durchtreiben auch die Blütenzahl zu steigern. Sind die abgeschnittenen Triebspitzen groß genug, lassen sich davon Stecklinge gewinnen, die in der Frühlingssonne schnell bewurzeln.

Für Balkonblumen und Kübelpflanzen werden Spezialerden angeboten, die auf die besonderen Bedürfnisse dieser Pflanzen zugeschnitten sind. Sie sollten eine ausreichende Wasser- und Düngerspeicherung gewährleisten, gleichzeitig aber über eine hohe Strukturstabilität verfügen. Um unsere Moore zu schonen, wählen wir torffreie oder torfreduzierte Erden.

Ein Fensterkasten mit Frühjahrsblühern schmückt das Haus schon im März/April.

Rückschnitt

... der Stauden

Nachdem wir im vergangenen Jahr den üblichen Herbstputz unterlassen haben, um Pflanzen und Tiere im Garten einen natürlichen Winterschutz zu gewähren, können wir nun die Spuren des vergangenen Jahres beseitigen. Zunächst schneiden wir die abgestorbenen oder erfrorenen Blütenstände von Gräsern und Stauden zurück, anschließend werden die Grasbüschel (Schwingelarten) mit den Fingern gekämmt, um die abgestorbenen Blätter daraus zu entfernen. Empfindlichere Gartenpflanzen, wie z. B. Pampasgras, Agapanthus usw., die wir im Herbst zum Frostschutz fest eingepackt haben, müssen unter Umständen bereits Anfang des Monats aus ihrer Frostschutzverpackung geschält werden, um Fäulnis zu vermeiden. Da um diese Zeit immer noch kräftige Fröste auftreten können, halten wir große, stabile Kartons oder Kisten bereit, um sie über Nacht über die Pflanzen zu stellen.

Das Auspacken gilt jetzt auch für die Staudenbeete, die wir im Herbst mit einer Laubdecke abgemulcht haben. Unter einer solchen Decke überstehen unsere Stauden die härtesten Fröste unbeschadet. Der sich jetzt bildende

Bei den Stauden und Gewürzen schneiden wir jetzt die nicht mehr austreibenden, erfrorenen Pflanzenteile ab.

Austrieb muss aber ungehindert ans Licht wachsen können. Wir befreien deshalb die austreibenden Pflanzen von ihrer Mulchdecke und entfernen gleichzeitig die alten Blätter des Vorjahres. Eine dünne Blätterschicht lassen wir auf dem Boden zurück, um für eine Mulchdecke zu sorgen. Das Laub wird von den Bodenlebewesen zersetzt.

Gelegentlich kann man Blätter finden, die zusammengerollt senkrecht im Boden stecken. Diese Blätter wurden von Regenwürmern in ihre Gänge gezogen und werden nun langsam aufgefressen – ein untrügliches Zeichen für hohe Bodenaktivität.

... der Ziergehölze

Auch der Rückschnitt der Ziergehölze steht nun auf dem Programm. Sie werden im März und April zurückgeschnitten. Bei den so genannten Halbsträuchern, wie Hortensien, Sommerflieder, Bartblume usw., die nur teilweise verholzte Triebe ausbilden, werden die erfrorenen Zweige auf kräftige Augen zurückgeschnitten. Sommerblühende *Clematis*-Sorten und andere Kletterpflanzen fördern wir in der Blütenbildung durch einen Rückschnitt.

Forsythien und Zierjohannisbeerzweige können bereits nach den ersten starken Frösten im Winter abgeschnitten und in der Vase als Barbarazweige angetrieben werden. Mit dem frischen Grün von in der Vase angetriebener Palmkätzchen, Birken, Kirschen und Kastanien hält nun der Frühling auch in der Wohnung Einzug. Werden die frischgeschnittenen Zweige in heißes Zuckerwasser gestellt, entwickeln sich die Blüten besonders rasch und kräftig.

Grundsätzlich gilt beim Rückschnitt von Ziergehölzen, dass an jungen Trieben verstärkt Blüten gebildet werden. Deshalb ist es ratsam, stark verholzte Triebe nicht einzukürzen, sondern komplett von der Basis ab zu entfernen.

Der Rückschnitt sollte den arttypischen Wuchs (Habitus) eines Strauchs erhalten und nicht zu einer unerwünschten Besenbildung führen. Dazu ist allerdings etwas Übung nötig. Zu empfehlen ist dazu neben dem Studium entsprechender Bücher auch ein Schnittkurs, wie er von Volkshochschulen und Gartenbauvereinen angeboten wird.

Rosen pflanzen, schneiden, pflegen

Der ideale Boden für Rosen ist lehm- oder tonhaltig. Sie wünschen sich helle, vollsonnige und gut belüftete Gartenplätze, um uns mit ihrer Pracht zu erfreuen. Um langjährig Freude an Rosen zu haben, sind bereits vor der Pflanzung einige Dinge zu beachten.

Bei der Neuanlage eines Rosenbeetes sollte der Boden tiefgründig gelockert werden. Auf die Zugabe von Torf verzichten wir, da er den gewünschten lehmigen Bedingungen entgegenwirkt. Allenfalls eine kräftige Kompostgabe wird beigemischt. Besonders geeignet ist verrotteter, strohhaltiger Stallmist, den wir nach der Bodenlockerung oberflächlich ca. 10 cm tief einarbeiten.

Ein sorgfältiger Rückschnitt der Wurzeln fördert den Neuaustrieb.

Vor der eigentlichen Pflanzung erfolgt der so genannte **Pflanzschnitt.** Dabei werden die Rosentriebe auf 2–3 Augen zurückgeschnitten, und die schwachen Triebe komplett entfernt, so dass zum Pflanzen 2–4 kräftige etwa 5–10 cm lange Triebe stehen bleiben. Auch die Wurzeln werden eingekürzt, um ein ausgewogenes Trieb-Wurzel-Verhältnis zu schaffen.

Besonderes Augenmerk verlangt die frostempfindliche **Veredlungsstelle,** der »Übergang« der Wurzel zum Trieb. Beim Pflanzen

Am Triebansatz ist die Veredlungsstelle deutlich zu erkennen.

sollte die Veredlungsstelle etwa 10 cm tief in den Boden gebracht werden. Dies verhindert Frostschäden und erübrigt das herbstliche Anhäufeln. Vor dem Pflanzen werden wurzelnackte Rosen, d. h. solche ohne Erdballen, ausreichend gewässert, indem sie für mindestens eine Stunde in einer Wanne in Wasser untergetaucht werden.

Die Veredlungsstelle muss beim Pflanzen eine Hand breit in den Boden kommen.

Durch Mulchen nach dem Pflanzen etwa mit altem Stallmist, Stroh oder Grasschnitt, bildet sich eine wunderbare Decke, unter der sich die Rosenwurzeln optimal entwickeln. Ausreichendes Wässern nach dem Pflanzen ist selbstverständlich.
Eine hohe Bodenaktivität ist besonders bei Rosengewächsen wichtig, da sie Stoffwechselschlacken über die Wurzeln in den Boden abgeben. Fehlen abbauende Bodenlebewesen, so reichern sich diese Abfälle im Boden an und vergiften damit den Boden, es kommt zu **Bodenmüdigkeit.** Bei einem anderen Rosengewächs, den Erdbeeren, ist das ein altbekanntes Problem, dem man mit ständigem Pflanzflächenwechsel entgegenwirkt. Bei Rosen ist das jedoch nicht so leicht möglich.

Wurzelnackte Rosen dürfen vor dem Pflanzen noch keine frischen Triebe gebildet haben und nicht ausgetrocknet sein.

Rosen kombinieren

Förderlich auf die Gesundheit der Rosen wirkt sich auch eine Kombination mit anderen Pflanzen, besonders Stauden aus. Zu fast allen Rosenfarben lassen sich blau blühender Ziersalbei oder Lavendel bestens kombinieren. Besonders in den warmen Hochsommerwochen halten diese Kräuter durch ihren intensiven Duft Schädlinge von den Rosen fern. Höhen und Tiefen erreichen wir durch Zwischenpflanzung von Rittersporn, Eisenhut oder hohen Gräsern. Auch mit Strauch- oder Hochstammrosen können gestalterische Akzente gesetzt werden. Die Kombinationsmöglichkeiten sind so vielfältig, dass sie ein gesondertes Buch füllen würden.

Welche Sorte wählen?

Bei der Sortenauswahl ist zu bedenken, dass unsere Rosen nach verschiedenen Wuchsformen in Gruppen eingeteilt werden:

Beetrosen (Polyantha-Rosen), in Dolden oder Rispen reichblühende, halbhohe, hohe, kleinblumige Rosen.

Edelrosen (Teehybriden), häufig einzeln stehende, große Blüten an langen Stielen.

Eine gelungene Kombination von Beet- und Hochstammrosen.

Floribundarosen,
in Blüte und Wuchshöhe zwischen den Beet- und Edelrosen stehend.

Strauchrosen,
zwischen 100 cm bis 300 cm hohe Sträucher, als einmalblühende oder öfterblühende Sorten.

Kletterrosen,
als einmalblühende oder öfterblühende Sorten mit 150 cm bis 400 cm langen Trieben, die angebunden oder gestützt werden müssen.

Zwergrosen,
ca. 30 cm hohe kleinwüchsige Rosen in vielen Sorten mit teilweise ungenügender Winterhärte; oft als Zimmerpflanze angeboten.

Bodendeckende Rosen,
meist kriechend, bogig überhängende Sorten mit zum Teil sehr starkem Wachstum.

Hochstammrosen,
verschiedene Sorten, mit 60 cm Stammhöhe als Halbstammrosen, 90 cm als Hochstammrosen und 140 cm Höhe als Trauerstammrosen mit überhängendem Wuchs.

Englische Rosen
haben besonders in den letzten Jahren verstärkt den Weg in unsere Gärten gefunden. Dabei handelt es sich meist um den alten Rosen nachempfundene Sorten, die mit betörendem Duft in zarten Pastellfarben erblühen.

Das ADR-Siegel
bescheinigt den damit versehenen Rosensorten die erfolgreiche Prüfung als 'Anerkannte Deutsche Rose'. Dabei werden die Rosensorten auf Krankheitsresistenz und Wuchseigenschaften unter verschiedenen Klimabedingungen bundesweit getestet. ADR-Rosen sollten bevorzugt gekauft werden.

Frühjahrs-Rückschnitt und -pflege

Bei bereits bestehenden Rosenbeeten schneiden wir die Rosen jetzt im März zurück.
Auch bei den im Herbst gepflanzten Rosen, die zur Pflanzung nur provisorisch geschnitten wurden, schneiden wir nun richtig zurück.

Tipp

In den ersten Jahren nach der Pflanzung brauchen Hochstammrosen eine massive Stütze durch einen beigestellten Pfahl, an dem der Rosenstamm auf halber Höhe und an der Verzweigungsbasis angebunden wird.

Wie beim Pflanzschnitt entfernen wir alle schwachen Triebe und schneiden die starken Triebe auf 2–4 Augen zurück. Aus der Tiefe unterhalb der Veredlungsstelle hochwachsende **Wildtriebe** werden freigelegt und dann seitlich abgerissen, um sie mit allen Augen zu entfernen. Nach dem Rückschnitt werden die Rosen gedüngt und mit einer neuen Mulchdecke versehen.
Bei Strauch- und Kletterrosen werden alte, stark verholzte Triebe komplett entfernt und bei den jüngeren Trieben die letztjährigen Blütenstände abgeschnitten. Auch entfernen wir alle schwachen Triebe und Wildtriebe.
Außer einer gelegentlichen Schädlingskontrolle können wir die Rosen nun sich selbst überlassen, um erst nach dem ersten Flor wieder mit der Schere einzugreifen. Dabei entfernen wir die verblühten Blüten zunächst einzeln, um nach dem Verblühen des Blütenstandes den ganzen Trieb bis zum nächsten kräftigen Auge einzukürzen **(Sommerschnitt).**

Rechtzeitiges Ausschneiden der verblühten Blüten sorgt für ständiges Nachblühen neuer Triebe.

Zu Ende des ersten Flors erfolgt die zweite Düngung mit einem Mehrnährstoffdünger, den wir leicht einarbeiten. Damit sind die Rosen bis zum Herbst ausreichend mit Nährstoffen versorgt.

Anlage eines Staudenbeetes

Beetstauden, geschickt kombiniert, lassen jeden Garten in leuchtenden Farben erstrahlen.

Es gibt wohl keine andere Pflanzengruppe in unseren Gärten, die mit solcher Vielfalt die unterschiedlichsten Gartensituationen erobern kann wie die Stauden. Ihre Lebensbereiche reichen von den unter Wasser lebenden Schwimmpflanzen wie Hornkraut und Wasserstern bis zu den extrem trockenheitsertragenden winterharten Kakteen, z. B. Opuntien, von wenigen Millimeter hohen Steingartenstauden bis zu mehrere Meter hohen Gräsern. Gerade Gartenproblemzonen, wie starker Dauerschatten durch Gebäude oder Bäume oder aber extrem heiße, trockene Flächen mit dünner Erdauflage auf einem Flachdach, lassen sich bei Auswahl geeigneter Pflanzenarten wunderschön begrünen.

Die Lebensbereiche

Die Einteilung nach verschiedenen Verwendungsmöglichkeiten und natürlichen Vorkommen der Stauden in Lebensbereiche erleichtert Planung und Auswahl erheblich. Zunächst muss die vorhandene Pflanzfläche einem Lebensbereich zugeordnet werden, um bereits bei der Bodenvorbereitung auf eine optimale Entwicklung der Staudenanlage hinzuwirken. Für den Garteneinsteiger ist die Planung und Anlage eines Staudenbeetes mit so genannten **Beetstauden** eine gute Gelegenheit, um mit dieser so gestalt- und artenreichen Pflanzengruppe vertraut zu werden.

Tipps zur Gestaltung

Um ein perfektes Ergebnis zu erzielen, bedienen wir uns einiger **Gestaltungsgrundsätze.** Das Gerüst der Pflanzung wird durch schwachwüchsige Gehölze erzielt wie Zaubernuss, Scheinhasel, Korkenzieherhasel, Mandelbäumchen oder große Gräser, etwa Bambus oder Chinaschilf. Sie wirken auch in den Wintermonaten, wenn die Stauden eingezogen oder von Schnee überdeckt sind. Ihre Anordnung auf dem Beet erfolgt asymmetrisch, um einzelne Schwerpunkte zu setzen, oder symmetrisch, um eine feste Reihenfolge darzustellen.

Unterstützt wird die optische Wirkung der Gerüstpflanzung durch die Verteilung von **Leitstauden.** Dabei handelt es sich um großwüchsige Stauden, wie Rittersporn, Kreuzkraut usw., die einzeln oder in kleinen Gruppen von 2 bis 5 Pflanzen in das Gestaltungskonzept eingegliedert werden.

Ihre optische Bedeutung wird durch **Begleitstauden** unterstützt.

Füllstauden verbinden die Pflanzengruppen untereinander zu einer optischen Einheit.

Bei der Planung eines Staudenbeetes müssen wir die Blüten- und Blattfarben sowie die Blühzeiten berücksichtigen.

Verschiedene Blühzeiten und Farben müssen bei der Planung ebenfalls berücksichtigt werden. Konzentriert man sich bei der Anlage auf wenige Arten und Sorten mit einer dominierenden Grundfarbe, strahlt das Staudenbeet vornehme Eleganz aus. Ein kunterbuntes Beet mit vielen verschiedenen Arten kann dagegen im Sommer überschwängliche Lebensfreude vermitteln. Zusätzliche Effekte lassen sich mit **buntlaubigen Stauden**, wie Funkien, Bergenien oder Purpurglöckchen erzielen. Gestaltungselemente (Accessoires) aus Stein, Glas, Terrakotta oder Holz runden das harmonische Bild ab.

Ein Beet verändert sich

Staudenbeete werden für mehrere Jahre angelegt. In ihrer vollen Pracht erstrahlen sie nach 3–4 Jahren. Neben dem jahreszeitlich wechselnden Blütenflor ist es besonders reizvoll die Entwicklung der Pflanzung über mehrere Jahre zu beobachten. Die anfänglich noch schwach wachsenden Leitstauden entwickeln sich und buhlen mit den sich ausbreitenden Füllstauden und Bodendeckern um die Aufmerksamkeit des Betrachters.

Stauden pflanzen

Der Pflanzung sollte eine tiefgründige Lockerung des Bodens vorausgehen. Reifer Kompost oder Rindenhumus ist eine ideale Bodenverbesserung bei schweren Böden. Eine ausreichende Grunddüngung wird vor dem Pflanzen leicht eingearbeitet. Das Beet muss unbedingt frei von Wurzelunkräutern wie Disteln, Winden, Giersch und Quecken sein, da diese Unkräuter nach der Pflanzung nur noch schwer zu bekämpfen sind.

Besondere Vorsicht ist bei alten Pflanzen oder Geschenken liebevoller Nachbarn geboten, da sich in den Wurzelballen solcher Stauden und Gehölze oft auch unliebsame Wurzelunkräuter befinden. Im Zweifel ist eine mehrwöchige Quarantäne durchaus angebracht, um unliebsame, meist sehr anhängliche Unkräuter fern zu halten.

Besonders für noch unerfahrene Gärtner empfiehlt es sich, die Stauden und Gehölze zunächst einmal auf dem vorbereiteten Beet auszulegen und erst anschließend zu pflanzen.

Ausreichendes Angießen nach dem Pflanzen ist selbstverständlich. Pflanzenteile, die sich nach dem Wässern nicht erholen, werden rigoros abgeschnitten.

Eine ausreichende Mulchschicht aus Laub, Grasschnitt oder abgelagertem Rindenmulch fördert die Entwicklung der Pflanzen deutlich (siehe auch Seite 33 und 52).

Nach dem Auslegen der einzelnen Stauden entsprechend unserem Pflanzplan wird gepflanzt. Ein kräftiger Druck auf die Ecken des Plastiktopfes löst den Ballen ohne Schaden aus dem Topf.

Arbeiten im März

Jetzt ist es endlich wieder soweit, das Pflanzen, Säen und die »richtige« Gartenarbeit treiben uns in den Garten. An sonnigen Tagen macht es gleich wieder riesig Spaß.
Viele der im März anfallenden Arbeiten sind von der Witterung abhängig. Lässt sich der Frühling zu sehr Zeit, sollten die Arbeiten verschoben werden.

Ziergarten

Frühlingsblüher auspflanzen

Bei milder Witterung lassen sich die in den Gärtnereien angebotenen Frühlingsblüher nun schon mal ins Freie pflanzen. Mit Stiefmütterchen, *Bellis,* Vergissmeinnicht, Goldlack, Schneeheide und angetriebenen Blumenzwiebeln wie Krokussen, Botanischen Tulpen, Narzissen, Hyazinthen, Schneeglanz, Blausternchen und vielen anderen können wir den Frühling begrüßen. Zur Sicherheit gegen zu große Kälte halten wir Kartons oder Vlies bereit, die wir über Nacht über die empfindlichen Blumen stülpen.
Bei offenem Boden können nun Rosen, Gehölze und Hecken gepflanzt werden. Trotz hoher Bodenfeuchte ist ausgiebiges Angießen wichtig. Rosen werden zurückgeschnitten, indem alles Erfrorene und Abgestorbene entfernt wird und die Triebe auf 2–3 Augen, besonders starke Triebe auf 4–6 Augen zurückgenommen werden. Alle schwachen Triebe entfernen wir direkt am Ansatz.

Stauden pflanzen und teilen

Auch Stauden können bei milder Witterung schon gepflanzt werden. Besonders die frostempfindlichen Arten, wie Herbstanemone, Lupinen, Gartenchrysantheme, Ochsenzunge, Königskerzen, die meisten Steingartenpflanzen und alle Farne. Dabei ist auf die richtige Pflanztiefe zu achten. Pfingstrosen dürfen nur flach gepflanzt werden, sonst entwickeln sie keine Blüten. Auch Schwertlilien werden sehr flach gepflanzt. Ihr Rhizom muss nach dem Pflanzen noch gut sichtbar sein. Gut sortierte Staudengärtnereien bieten das komplette Sortiment.
Alte Stauden werden herausgestochen, geteilt und wieder gepflanzt. Diese Verjüngung fördert die Blütenbildung. Zur Pflanzung lockern wir den Boden mit einer Grabgabel gut durch. Dabei darf man nicht vergessen, dass manche Stauden hohe Ansprüche an die Bodenverhältnisse stellen.

Erste Staudenpflege

Haben unsere Stauden den Winter unter einer schützenden Laubdecke verbracht, muss diese nun entfernt werden, um den ungehinderten Austrieb nicht zu

So teilt man eine Frauenmantelpflanze *(Alchemilla mollis)* behutsam mit den Händen.

gefährden. Bei hohen und halbhohen Beetstauden darf eine dünne Mulchschicht aus Laub auf dem Beet verbleiben.
Bei milder Witterung werden Stauden, Rosen und der Rasen gegen Ende des Monats erstmalig gedüngt.

Dahlien im Gewächshaus antreiben

Im Gewächshaus ist der Frühling schon in vollem Gange. Dahlien- und Begonienknollen können nun in einer Kiste mit Erde vorgetrieben werden. Steht genügend Platz zur Verfügung, können wir die Dahlienknollen auch in große Blumentöpfe mit 3–4 l Inhalt eintopfen. Bis zur Pflanzzeit (Mitte Mai) haben sie sich dann bereits kräftig entwickelt.

Die Samen des aus Kalifornien stammenden Goldmohns *(Eschscholzia)* können bereits jetzt ins Freie gesät werden.

Sommerblumen anziehen

Sommerblumen mit längerer Kulturzeit werden jetzt gesät. Um Pilzkrankheiten vorzubeugen, darf nicht zu eng gesät werden. Als Substrat verwenden wir Aussaat- oder Pikiererde. Keimlinge von Februaraussaaten werden nun pikiert. Drei bis fünf Pflänzchen zusammen als Tuff in einen kleinen Topf oder eine Multitopfplatte pikiert, ergeben schöne buschige Pflanzen. Um die Wurzelentwicklung zu fördern, werden dabei überlange Wurzeln mit dem Daumennagel abgeknipst.

Gemüsegarten

Aussäen, Pikieren und Pflanzen

Säen und Pikieren sind auch im Gemüsegarten jetzt die wichtigsten Arbeiten. Alle Sommerkohlarten werden jetzt in Kisten ausgesät und im Keimblattstadium pikiert. Kopfsalat, Kohlrabi und Blumenkohl ins Frühbeet oder bei mildem Wetter schon unter Vlies und Folie ins Freie pflanzen. Für die nächsten Pflanzsätze säen wir erneut aus.
Auberginen und Paprika werden ausgesät und im Keimblattstadium einzeln in 9er oder 10er Töpfe pikiert.
Sie sind besonders wärmebedürftig, wir stellen sie daher im Gewächshaus an der wärmsten Stelle auf. Lauch und Säzwiebel werden ebenfalls ausgesät, Steckzwiebeln und Schalotten werden direkt auf die Beete gepflanzt.
Ist der Boden schon etwas abgetrocknet, können gegen Ende des Monats Spinat, Schwarzwurzel, Schalerbsen und frühe Möhren direkt unter Vlies ins Freiland gesät werden.
Gewürzkräuter wie Basilikum, Petersilie, Majoran werden im Gewächshaus direkt in Töpfchen ausgesät und nach den Eisheiligen ausgepflanzt.

Gewächshaus und Frühbeet

Gegossen wird im Frühbeet und Gewächshaus an sonnigen Tagen immer vormittags. Nachfolgendes Lüften reduziert die Luftfeuchtigkeit und damit die Gefahr von Grauschimmel und anderen Pilzkrankheiten.
Besonders jetzt ist es bei sonnigem Wetter wichtig, Frühbeet und Gewächshaus rechtzeitig zu

lüften. Frühzeitiges Ablüften am Nachmittag speichert Wärme. Gegen Nachtfröste schützen wir die Pflanzen mit Frostschutzmatten aus Schilf, Stroh oder Luftpolsterfolie.

Ein Hügelbeet anlegen

Die Abfälle des Gehölzschnittes sammeln wir, um zusammen mit überschüssigem Mulchlaub ein Hügelbeet aufzubauen. Dazu wird ein möglichst in Nord-Süd-Richtung verlaufendes Beet auf einer Breite von ca. 120 cm etwa spatentief ausgehoben. Die anfallende Erde lagern wir in der Nähe. Entlang der Mitte des Beetes schichten wir zunächst dicke Äste und Zweige auf, darüber Reisig und dünnere Zweige. Anschließend wird diese erste Lage gut fest getreten. Die nächste Schicht aus mit Erde vermischtem, feuchtem Laub oder eine Schicht aus verrottetem Stallmist. Die nächste Schicht besteht aus reifem Kompost. Abschließend verteilen wir den Erdaushub. So entsteht ein etwa 50–80 cm hoher Hügel.

Beim Anbau auf einem Hügelbeet muss die Bewässerung besonders beachtet werden, da keine Feuchtigkeit aus dem Untergrund nach oben steigen kann. Eine Bewässerungsrinne entlang des Scheitels erleichtert die Bewässerung. Eine andere Methode besteht darin, große Tontöpfe bis zur Oberkante in das Beet einzusenken. Zum Gießen werden diese Töpfe mit Wasser befüllt, aus denen es dann langsam im Hügelbeet versickern kann. Mulchen des Bodens erleichtert die Wasserversorgung der Pflanzen erheblich und schützt die Erde vor dem Herabschwämmen.

Gemüseanbau auf dem Hügelbeet

Im ersten Jahr wird das Beet mit Starkzehrern bepflanzt, im zweiten Jahr mit mittelstark zehrenden Pflanzen und im dritten Jahr mit Schwachzehrern. Danach ist das Beet ausgelaugt und in sich zusammengesackt.

Obstgarten

Den Gehölzschnitt abschließen

Die Schnittarbeiten an alten Obstgehölzen sollten nun zügig zu Ende gebracht werden. Auch Weinreben und Beerensträucher schneiden wir nur noch Anfang des Monats, da sie schon sehr bald austreiben und schon kräftig im frischen Saft stehen.

Der Erziehungsschnitt an jungen Obstbäumen kann dagegen noch ohne Hektik gemacht werden.

Verschiedene Gemüsearten auf dem Hügelbeet ermöglichen hohen Ertrag und bequeme Ernte auf kleiner Grundfläche.

Obstbäume und -sträucher pflanzen

Bei geeigneter Witterung ist jetzt die ideale Frühlingspflanzzeit für unsere Gehölze. Äpfel, Birnen und Beerensträucher werden bei offenem Boden baldmöglichst gepflanzt. Die spätfrostgefährdeten Aprikosen, Brombeeren, Kiwi, Quitten, Weinreben und

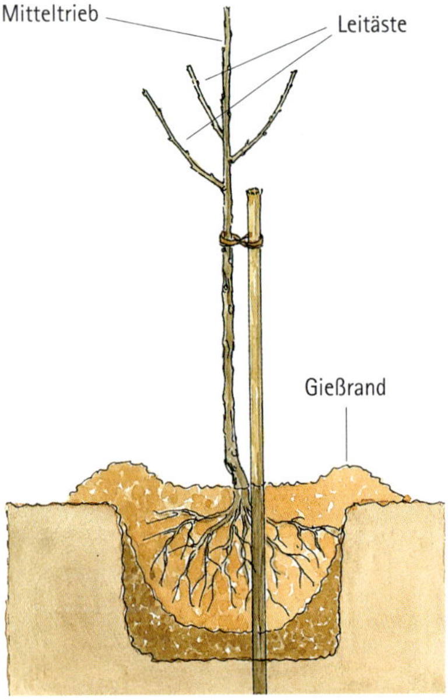

So sollte gepflanzt werden: Bodenlockerung im Pflanzloch, Auffüllen mit Mutterboden-Kompost-Gemisch, Gießwasserrand anlegen. Gleichmäßiger Pflanzschnitt der Krone und Anbinden an einen stabil verankerten Baumpfahl unterhalb der Krone.

Walnussbäume pflanzen wir gegen Ende des Monats bei schon etwas wärmerem Wetter.

Eine dichte Unterpflanzung ersetzt im Sommer die Mulchschicht.

Pflanzschnitt

Bereits beim Kauf in Baumschulen und Gärtnereien können die Gehölze mit einem Pflanzschnitt versehen werden. Dieser besteht darin, ein Gleichgewicht zwischen den oberirdischen und unterirdischen Pflanzenteilen zu schaffen. Da die Gehölze bei der Rodung einen Teil ihrer Wurzel verlieren, muss der Zweigbesatz angepasst werden. Dabei belässt man neben dem Mitteltrieb drei, höchstens vier Seitenäste, die späteren Leittriebe. Der dem Mitteltrieb am nächsten stehende Seitenast wird entfernt, da er später zu einer bruchempfindlichen Astgabel führen kann.
Beim Schnitt achten wir auf einen gleichmäßigen Kronenaufbau. Die drei bis vier stehen gelassenen Zweige werden auf der gleichen Höhe über einem nach außen weisenden Auge abgeschnitten, damit sich die Austriebe gleichmäßig entwickeln können. Zur Sicherheit kann man das der Schnittstelle am nächsten liegende, nach innen weisende Auge ausbrechen, um dem Führungsauge mehr Kraft zu verleihen.
Auch die Wurzeln kommen nicht »ungeschoren« davon. Wir schneiden mit Schere oder Messer die Wundstellen, an denen die Wurzeln beim Roden abgerissen sind, nochmals nach, da glatte Wundflächen schneller verheilen und die Wurzelbildung dadurch gefördert wird.
Die im Herbst gepflanzten Obstgehölze, bei denen wir nur einen notdürftigen Pflanzschnitt durchgeführt haben, werden jetzt ebenfalls noch richtig zurecht geschnitten.

Bodenpflege

Nach dem Pflanzen werden die Bäume mit einem Pfahl gesichert. Nach ausgiebigem Angießen bedecken wir die Pflanzfläche mit einer 1–2 cm starken Schicht aus halbreifem Kompost zur Düngung. Darüber breiten wir eine Schicht aus Herbstlaub oder Strohmulch aus, um den Boden locker und feucht zu halten. Diese Düngungsmaßnahme können wir auch bei den älteren Obstgehölzen durchführen.
Vor einer intensiveren Düngung sollte jedoch unbedingt eine Bodenprobe erfolgen, um den genauen Bedarf festzustellen. Regelmäßig einmal im Frühjahr werden die Pflanzpfähle früherer Pflanzungen auf Festigkeit überprüft. Sind sie gelockert, oder gar abgebrochen, müssen sie erneut eingeschlagen oder erneuert werden. Lockeres Bindegut wird dabei ebenfalls ersetzt.

Beerensträucher schützen

Immer wieder werden die zarten Knospen der Beerensträucher von Vögeln abgepickt. An Johannisbeersträuchern können dadurch erhebliche Schäden entstehen. Um die Pflanzen zu schützen, überspannen wir die Sträucher mit einem Vogelschutznetz.

April

Düngung

Die Pflanze lebt nicht nur von Luft, Wasser und Liebe allein. Neben regelmäßigen Wassergaben ist für Wachstum, Blütenansatz, Gesundheit und Widerstandskraft der Pflanze gegen Schädlinge und Krankheiten auch eine ausgewogene Versorgung mit Nährstoffen entscheidend. Dies wird im Hausgarten jedoch leider oft entweder vernachlässigt oder aber übertrieben.

Wie alle stofflichen Prozesse unterliegen auch die Pflanzennährstoffe einem Kreislauf. Sie werden von der Pflanze aufgenommen, die Pflanze wächst dadurch und baut Substanz auf; nach ihrem Absterben verrotten die Pflanzenteile im Boden oder im Kompost, die Nährstoffe werden somit wieder frei, um erneut aufgenommen zu werden. Unter natürlichen Bedingungen, in der unberührten Natur, funktioniert dieser Kreislauf seit Jahrmillionen und ermöglicht üppiges Wachstum.

Greift der Mensch in diesen Stoffkreislauf ein, indem er Pflanzenteile erntet – gleich ob Gemüse, Früchte, Schnittblumen oder bei der Säuberung des Beetes im Herbst oder Frühjahr –, muss er durch gezielte Düngung einen Ausgleich schaffen. Auch Pflanzen in Töpfen im Zimmer oder auf Balkon und Terrasse sind wegen des begrenzten Erd-

Richtige Düngung steigert nicht nur den Ertrag, sondern auch den Nährwert.

volumens auf ständige Düngung angewiesen.
Dünger und Düngung wirken meist nicht direkt auf die Pflanze – abgesehen von z. B. Blattdüngung –, sondern indirekt über den Boden, dem Medium für Zersetzung, Speicherung und Aufnahme der Nährstoffe.

Haupt- und Spurennährstoffe

Unter gärtnerischen Gesichtspunkten teilt man die Nährstoffe in zwei Gruppen ein. Die **Hauptnährstoffe** werden von den Pflanzen in größeren Mengen benötigt, die **Spuren- oder Mikronährstoffe** dagegen nur in geringen Mengen. Sie sind aber ebenso unbedingt lebensnotwendig.
Abgesehen von Kohlenstoff, Sauerstoff und Wasserstoff, die die Pflanzen der Luft (als CO_2) bzw. dem Wasser (H_2O) entnehmen, müssen die anderen Nährstoffe durch entsprechende Düngung regelmäßig zugeführt werden.

Wachstumsnährstoff Stickstoff (N)

In der Pflanze wird Stickstoff in Eiweiße, Enzyme und Vitamine eingebaut und sorgt für den Massenwuchs und die kräftig grüne Farbe der Blätter.
Stickstoffmangel äußert sich durch blassgrüne bis gelbe Blätter, Kümmerwuchs, schlechte Ernten und so genannte Hungerblüten. **Stickstoffüberschuss** führt zu übersteigertem Massenwuchs, zu schwammigem Gewebe – und dadurch erhöhter Anfälligkeit für Schädlinge (Blattläuse) und Krankheiten (Pilz). Bei Gemüse verringert er den Geschmack und die Haltbarkeit und führt zu gesundheitsschädlichem Nitratüberschuss.
Der Nährstoffgehalt der Böden und die Intensität der Düngung wird häufig mit dem Stickstoffgehalt gleichgesetzt. Wegen seiner leichten Löslichkeit kann Stickstoff im Boden nur schlecht bevorratet werden, so dass er bei Überschuss und starken Niederschlägen sehr schnell in den Untergrund und als Nitrat in das Trinkwasser gelangen kann.

Geschmacksnährstoff Kalium (K)

In der Pflanze steuert Kalium den Wasserhaushalt und festigt die Gewebe. Frostresistenz, Blütenfarbe und Gewebefestigkeit werden verbessert, Geschmack und Haltbarkeit von Gemüse wird erhöht. Die Widerstandsfähigkeit der Pflanze gegen Krankheiten und Schädlinge wird gesteigert.
Kalimangel hemmt das Wachstum, führt zu welken Pflanzen, die Blätter werden gelblich und sterben ab.

Blütennährstoff Phosphor (P)

In der Pflanze wird Phosphor in Eiweiße und Enzyme eingebaut. Widerstandskraft, Blüten- und Fruchtausbildung werden ebenso wie die Keimkraft der Samen gefördert, Reifungsprozesse beschleunigt.

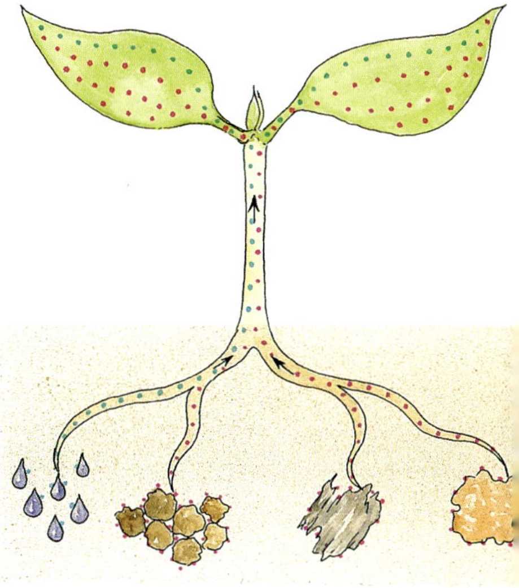

Einen Großteil ihrer Nährstoffe entnehmen die Pflanzen den Bodenbestandteilen (Humus und Ton), die auch Düngerbestandteile speichern.

Phosphormangel hemmt Wachstum, Blüten- und Fruchtbildung, die Wurzelausbildung ist schlecht, die Blätter zeigen rötliche Verfärbung.
In guten Gartenböden ist Phosphor meist ausreichend pflanzenverfügbar und muss nur selten gedüngt werden. Er fördert die für die Bildung von Bodenkrümeln notwendigen Mikroorganismen und sorgt damit für gute Bodenstruktur.

Tipp

Stickstoff und Kalium ergänzen sich in ihrer Wirkung. Sie müssen deshalb in einem ausgewogenen Verhältnis gedüngt werden.

Stippigkeit – eine durch Kalzium-Mangel verursachte Apfelkrankheit.

Bodennährstoff Kalzium (Ca)

In der Pflanze wird Kalzium in die Zellwände eingebaut und erhöht die Widerstandskraft gegen Krankheiten und Schädlinge.
Kalziummangel führt zu einer schwachen Bewurzelung und stört den Wasserhaushalt, Früchte sterben ab. **Kalziumüberschuss** kann zu akutem Mangel einiger anderer Nährstoffe führen.
Im Boden führt Kalziummangel zur Bodenversauerung (Absenkung des pH-Wertes) und in der Folge zur Freisetzung pflanzengiftiger Substanzen. Bei Überschuss bindet Kalzium im Boden wichtige Nährstoffe, insbesondere Spurennährstoffe und steigert den pH-Wert.
Kalzium wird als Kalk gedüngt. Es ist leicht löslich und muss wie Kalium immer wieder nachgedüngt werden (Erhaltungskalkung). Durch eine Ca-Düngung wird der Boden gelockert, belüftet und dadurch wesentlich verbessert. Der Boden wird krümelig, versauerte Böden werden neutralisiert, Bodenlebewesen werden gefördert und die Bodenqualität gesteigert.

Eiweißnährstoff Schwefel (S)

Schwefel fördert das Bodenleben, ist leicht löslich, wird aus dem Schwefeldioxid der Luft aber ständig in ausreichender Menge nachgeliefert. In der Pflanze wird Schwefel in Eiweiße, Enzyme und Geschmackstoffe (Knoblauch) eingebaut.

Blattgrünnährstoff Magnesium (Mg)

In der Pflanze ist Magnesium wesentlich an der Bildung von Blattgrün (Chlorophyll) in allen grünen Pflanzenteilen beteiligt. **Magnesiummangel** verursacht gelbe Blätter mit grünen Blattadern **(Chlorose).**
Im Boden fördert Magnesium die Krümelbildung. Es ist in den meisten Kalkdüngemitteln enthalten, jedoch leicht löslich und muss deshalb immer wieder nachgedüngt werden.

Spurennährstoffe

Spurennährstoffe benötigen die Pflanzen nur in sehr geringen Mengen. Man kann normalerweise davon ausgehen, dass sie in einem normalen Gartenboden in ausreichender Menge vorhanden sind und für ein gutes Pflanzenwachstum nicht gesondert gedüngt werden müssen. Genauen Aufschluss gibt hier die Bodenuntersuchung.
Um unsere Pflanzen mit den notwendigen Nährstoffen in geeigneter Weise zu versorgen, bedient man sich verschiedener Düngemittel, die man sich zum Teil selbst herstellen (Kompost) oder im Handel erwerben kann (z. B. Blaukorn oder Hornmehl).

Christbaumchlorose – Magnesium-Mangel an Tomaten.

Tipp

Eine ideale Ergänzung zu den Düngemitteln ist der Einsatz von Gesteinsmehlen. Sie enthalten in hohem Maße Spurennährstoffe und werden im Boden langsam umgesetzt und pflanzenverfügbar. Kalziumhaltige Gesteinsmehle müssen bei der Kalkdüngung berücksichtigt werden, um Überdüngung zu vermeiden.

Richtig düngen – wie geht man vor?

Um zweckentsprechend und umweltschonend düngen zu können, sind jedoch vorab grundlegende Informationen nötig.

1. Wie viel Nährstoffe sind noch im Boden vorhanden?
2. Wie viel Nährstoffe benötigen die angebauten Pflanzen?
3. Welcher Dünger soll eingesetzt werden?
4. Wie viel Nährstoffe enthält das eingesetzte Düngemittel?

Bodenuntersuchung – wie viel Nährstoffe sind noch im Boden vorhanden?

Ernterückstände und Kompostgaben enthalten oft grosse Nährstoffmengen. Bodenanalysen geben Auskunft (siehe Seite 48).

Stark- und Schwachzehrer – wie viel Dünger benötigen die angebauten Pflanzen?

Der Einfachheit halber teilt man die Kulturpflanzen – sowohl Gemüse als auch Zierpflanzen – nach ihrem Nährstoffbedarf in **Stark-**, **Mittel-** und **Schwachzehrer** ein (siehe Tabelle).

Um monentanen Düngerüberschuss zu vermeiden, wird bei den nährstoffbedürftigen Pflanzen die Düngermenge auf mehrere Gaben verteilt. Man spricht dann von einer **Start-** oder **Grunddüngung** zu Beginn der Kultur und **Kopfdüngung** während der Kultur. Kopfdüngung darf nur bei trockenem Wetter erfolgen, werden die Pflanzen anschließend mit der Gießbrause angespült.

Einarbeiten von verrottetem Mist ist eine anstrengende Arbeit.

Düngemittel – welcher Dünger soll eingesetzt werden?

Düngemittel können unterteilt werden in **organische** und **mineralische Dünger.** Obwohl alle Dünger der Pflanzen Nährstoffe liefern, unterscheiden sie sich doch ganz erheblich in ihrer Wirkungsweise.

Als **organische Dünger** bezeichnet man alle Dünger pflanzlicher oder tierischer Herkunft, wie Horn-, Knochen- und Blutmehl, Mist, Jauche, Kompost, Rindenhumus, Gründüngung usw., getreu dem alten Gärtnerspruch: »Was stinkt, das düngt«.

Alle organischen Dünger sind wichtige Humusbildner. Ihre leicht zersetzbaren Inhaltstoffe liefern den Bodenlebewesen wichtige Nahrung. Erst durch die Tätigkeit der Bodenlebewesen

Düngebedarf von Gemüse, Stauden und Sommerblumen

	Schwachzehrer	Mittelzehrer	Starkzehrer
	1 Düngergabe/Jahr	2 Düngergaben/Jahr	3 Düngergaben/Jahr
	1–5 g N/Jahr	5–15 g N/Jahr	15–25 g N/Jahr
Gemüse:	Erbsen, Bohnen, Feldsalat, Postelein, Radieschen, Rettich, Kräuter	Salate, Möhren, Kohlrabi, Rote Bete, Zwiebel, Spinat, Lauch	alle Kohl-Arten, Gurken, Tomaten, Sellerie, Artischocke
Stauden:	Lupinen, Bergaster, Feinstrahlaster, Frauenmantel, Enzian, Maiglöckchen, Ziergräser, Blumenzwiebel	Zierlauch, Akelei, Herbstaster, Strandflieder, Schleierkraut, Christrose, Hohe Glockenblumen	Rittersporn, Gemswurz, Schafgarbe, Prachtscharte, Sonnenauge, Pampasgras, Herbstchrysanthemen, Staudenphlox
Sommerblumen:	Gladiolen, Pantoffelblumen Stiefmütterchen	Astern, Löwenmäulchen, die meisten Sommer- und Balkonblumen	Sommerchrysanthemen, Geranien, Nelken, Sonnenblumen

werden die organischen Verbindungen in pflanzenverfügbare Mineralien umgewandelt (mineralisiert). Dadurch wird der Dauerhumusgehalt im Boden erhöht, der Boden gelockert, die Boden- und Krümelstruktur verbessert und somit die Bodenlebewesen und Pflanzenwurzeln mit lebenswichtigem Sauerstoff versorgt. Langjährige Düngung mit organischen Düngemitteln ist die Basis für einen gesunden, ertragreichen Gartenboden und umweltschonenden Pflanzenbau (siehe auch Seite 126 Bodenbearbeitung).

Mineralische Düngemittel bestehen in der Regel aus Nährstoffsalzen. Sie müssen von Bodenlebewesen nicht mehr mineralisiert werden und sind meist sofort löslich und pflanzenverfügbar. Ihre Wirkungsweise ist leicht kalkulierbar und deshalb exakt zu steuern.

Setzt man die organischen Dünger mit ballaststoffreicher Vollwertkost gleich, so sind mineralische Dünger der Traubenzuckerwürfel, der sofort ins Blut geht und für Kraft sorgt.

Seit einigen Jahren sind Kunststoff umhüllte Mineraldünger auf dem Markt, die so genannten **Langzeitdünger,** die für eine gleichmäßige, langfristige Pflanzenernährung in Töpfen und Gefäßen bestens geeignet sind.

Leider haben Mineraldünger auch erhebliche Nachteile. Da sie nur in Ausnahmefällen organische Substanzen enthalten, bieten sie den Bodenlebewesen keine Nahrung. Dies führt häufig zu einem drastischen Humus- und Nährstoffverlust.

Überdüngung mit Mineraldüngern belastet nicht nur die Umwelt, sondern führt bei den Pflanzen auch zu Salzschäden, ähnlich den winterlichen Streusalzschäden. Bei überhöhten Düngergaben kann es zu einer übersteigerten Wasseraufnahme der Kulturpflanzen kommen, was vor allem der Haltbarkeit und dem Geschmack schadet.

Tipp

Organische Düngemittel ernähren nicht nur die Pflanzen, sondern aktivieren auch die wichtigsten Bodenlebewesen. Nach mehrmaliger Anwendung tragen sie wesentlich zur dauerhaften Bodenverbesserung bei.

Dosierung – wie viel Nährstoffe enthält der Dünger?

Herstellung, Handel und Kennzeichnung von Düngern unterliegen einer gesetzlichen Regelung. Das erleichtert die Übersicht und Auswahl eines Düngemittels erheblich. Die Nährstoffgehalte sind in Prozent angegeben, und zwar in der Reihenfolge Stickstoff (N), Phosphor (P), Kali (K), Magnesium (Mg) und Spurenelemente.

Dünger mit den Kernnährstoffen N-P-K werden als **Volldünger** bezeichnet. Bekannte mineralische und organische Düngemittel sind der Tabelle zu entnehmen. Selbstverständlich kann die Tabelle nur einen kleinen Überblick über das riesige Düngemittelangebot geben.

Düngung – wie viel Düngemittel muss man geben?

Hat man sich für einen organischen oder mineralischen Dünger entschieden, ist der Nährstoffgehalt des Düngers in Prozent bekannt, kennt man den Entzug durch die angebauten Pflanzen und den Nährstoffgehalt des Bodens durch eine Bodenanalyse, so kann man mit einer simplen Rechnung die notwendige Düngermenge bestimmen.

Berechnen wir den Düngemittelbedarf von Kopfsalat auf der Grundlage des Stickstoffs:

Beispiel: Düngemittelbedarf von Kopfsalat bei Düngung mit Hornmehl

Bedarf der Pflanzen an Stickstoff: 6 g/m²

Vorrat im Boden nach Bodenuntersuchung: 2 g/m²

Notwendige Reinnährstoffdüngung: 4 g/m²

Düngung mit Hornmehl: 13 % N

Berechnung der Düngemenge über die Reinnährstoffmenge:

Reinnährstoffbedarf/m²: Nährstoffgehalt des Düngers in % × 100 = Düngermenge

4 g/m² : 13 % × 100 = 30 g/m² Hornmehl

Unsere Berechnung ergibt eine einmalige Düngung zur Pflanzung mit 30 g Hornmehl/m².

Düngemittel-Tabelle April

Düngemittel	N	Gehalt an P	K	Mg	Spurenelemente	Eigenschaften
Organische bzw. organisch-mineralische Dünger:						
Guano	6	12	12	ja	ja	organischer Volldünger, hoher PK-Gehalt
Oscorna Animalin	7	6	1	ja	ja	organisch-mineralischer Volldünger, geringer K-Gehalt
Hornoska	8	0	10	3	ja	organisch-mineralischer Volldünger, ohne P
Hornoska Spezial	8	5	10	2	ja	organisch-mineralischer Volldünger, P reduziert
Manna Spezial	7	5	9	ja	ja	organisch-mineralischer Volldünger
Hornmehl, Hornspäne	13	–	–	ja	ja	organischer N-Dünger, ideal bei hohem PK
Stallmist	0,4	0,3	0,6	–	ja	immer kompostiert verwenden
Mineraldünger:						
Nitrophoska (Blaukorn)	12	12	17	2	ja	mineralischer Volldünger, ausgeglichenes NPK-Verhältnis
Nitrophoska perfekt	15	5	20	2	ja	Wachstumsdünger. hoher NK Gehalt
Osmocote Blumendünger	14	13	14	–	–	Kunststoffummantelter Langzeitdünger
Scotts Rasendünger	31	3	10	–	–	Rasenspezialdünger mit hohem N Gehalt
Ammonsulfatsalpeter	26	–	–	–	–	mineralischer N-Dünger, wirkt sauer
Kalksalpeter	15	–	–	–	–	mineralischer N-Dünger, wirkt alkalisch
Spezielle Kalkdünger sind:						
Kohlensaurer Kalk		42–53 % Kalkgehalt				gemahlener Kalkstein
Branntkalk		65–95 % Kalkgehalt				gebrannter Kalkstein, starke Ätzwirkung!
Algenkalk						getrocknete Kalkalgen, Spurennährstoffe

Düngung mit Kompost und kompostiertem Stallmist

Auch hier ist eine Bodenuntersuchung Voraussetzung für eine sinnvolle Düngung, denn auch mit Kompost kann ein Boden überdüngt werden! Kompost wird am Besten im Frühjahr in einer Gabe mit ca. 5–10 l/m² gegeben. Eine zusätzliche Gabe kompostierten Stallmists alle drei Jahre ist empfehlenswert, doch leider nicht immer verfügbar; sie wird ebenfalls im Frühjahr verabreicht.

- Starkzehrer benötigen dazu zwei Gaben Stickstoffdünger,
- Mittelstarkzehrer eine Gabe,
- Schwachzehrer benötigen keine zusätzlichen Stickstoffgaben.

Grundsätzlich gilt: Exakte Düngergaben sind nur nach einer Bodenuntersuchung möglich! Das schont Umwelt und Geldbeutel.

Tipp

Feinkörnige Dünger werden leichter abgebaut und wirken deshalb schneller.

Ein gut gepflegter Komposthaufen liefert unserem Gartenboden vielfältige Nährstoffe sowie Mikroorganismen und organische Masse.

Bodenuntersuchung

Für eine bedarfsorientierte Düngung ist eine Bodenuntersuchung eine unumgängliche Voraussetzung. In Speziallabors wird dabei der Nährstoffgehalt des Bodens analysiert. Da in den verschiedenen Labors unterschiedliche Analysemethoden eingesetzt werden, lassen sich die Ergebnisse untereinander nicht ohne weiteres vergleichen. Um die Nährstoffentwicklung über mehrere Jahre vergleichen zu können, sollte man die Untersuchungen alle 3–4 Jahre immer von dem gleichen Labor durchführen lassen. Landwirtschaftämter halten Adressen bereit.

Zur Untersuchung entnimmt man mehrere Proben aus einer Parzelle bis max. 20 cm Tiefe, vermischt sie in einem Eimer und entnimmt daraus die eigentliche Probe (ca. 1/2 l). Im Kleingartenbereich ist im Frühjahr vor der ersten Düngung der ideale Zeitpunkt. Dann bieten auch einige Gartenbauvereine und Gärtnereien komplette Sets zur Probeentnahme an. Je nach Anlayseumfang belaufen sich die Kosten auf 15,00 DM bis 50,00 DM.

Erhält man nach einigen Tagen das Untersuchungsergebnis, dient es als Grundlage für die Berechnung der notwendigen Düngergaben. Besonderes Augenmerk erfordert der Nährstoff Stickstoff. Die N-Analyse ist oft nicht Standard und muss extra bestellt werden. In guten Gartenböden sind die meisten Nährstoffe aber oft im Übermaß vorhanden, so dass dann nur Stickstoff nachgedüngt werden muss. Der notwendige Bedarf lässt sich nur durch eine Untersuchung ermitteln.

Vermerkt man bei der Probe die geplante Kultur und die vorhandenen Düngemittel, erhält man auf Wunsch auch eine Düngeempfehlung.

Oben: Die Bodenuntersuchung soll ein für die gesamte zu untersuchende Fläche repräsentatives Bild ergeben. Wir entnehmen deshalb mehrere Einzelproben und vermischen diese in einem Eimer.

Unten: Die eigentliche Versandprobe wird aus dem Gemisch der Einzelproben entnommen und an ein Bodenuntersuchungslabor geschickt.

Arbeiten im April

Obwohl der April wegen seines unsteten Wetters verrufen ist, bringt er uns doch auch die ersten richtigen Frühlingstage und läutet damit die neue Vegetationsperiode ein. Nicht nur unsere Pflanzen entwickeln sich fortan schneller und kräftiger, sondern auch die Tierwelt begrüßt jetzt den Frühling. Viele Zugvögel melden sich Gärten zurück, auch Igel, Eidechse, Blindschleiche und viele andere beenden endgültig ihre Winterruhe.
Auch Schnecken werden wieder aktiv und gefährden empfindliche Pflanzen. Großen Schaden können sie bei Gemüse- und Blumenkeimlingen, aber auch an den zarten Triebknospen vieler Stauden verursachen. Ihr Auftreten ist stark witterungsabhängig und kann mit Hausmitteln wie Bierfallen nur schwer eingedämmt werden. Seit einiger Zeit ist jedoch ein umweltverträgliches Schneckenkorn unter dem Namen Ferramol auf dem Markt, das sich bewährt hat. Die Schnecken nehmen das für andere Tiere ungiftige Schneckenkorn auf und ziehen sich anschließend in ihr Versteck zurück, wo sie absterben.

Ziergarten

Stauden und Gehölze pflanzen und teilen

Es können immer noch Gehölze, Rosen und Stauden gepflanzt werden. Bei der Pflanzung von Pfingstrosen achten wir auf die Pflanztiefe (siehe Seite 88). Ihre Austriebsknospen dürfen nur leicht von Erde bedeckt sein. Nicht blühende bzw. blühfaule Pfingstrosen sind zu tief gepflanzt. Werden sie höher gesetzt, beginnen sie wieder zu blühen.

Alte Stauden teilen

Das Teilen und Verjüngen alter Stauden schließen wir zügig ab, da diese Pflanzen oft schon sehr früh austreiben und dann leicht Schaden erleiden können.
Bei Stauden mit dickfleischigen Wurzeln, wie Pfingstrosen, Incarvillea oder Tränendem Herz, schütteln wir vorsichtig die Erde ab und schneiden sie mit einem scharfen Messer anschließend auseinander. Dabei ist darauf zu achten, dass die austriebsfähigen

Solch prächtige Pfingstrosen lassen sich nur durch vorsichtige Teilung vermehren.

Knospen genügend Wurzelmasse behalten, um sich schnell und kräftig entwickeln zu können. Übergroße Wunden können zum Schutz vor Pilzinfektionen mit Kohlepulver abgestreut werden.

Frühlingsblüher zurückschneiden

Viele Polsterstauden sind jetzt bereits verblüht. Bei Bedarf können sie nach der Blüte zurückge-

Tipp

Stehen in einem Staudenbeet mehrere Pflanzen zum Verjüngen und Teilen an, empfiehlt sich eventuell eine komplette Neuanlage. Dabei können neue Ideen und Erfahrungen einfließen. Unbefriedigende und krankheitsanfällige Arten und Sorten sollten dabei gegen bewährte ausgetauscht werden.

Lilien müssen jetzt gepflanzt werden, damit sie im Sommer ihre volle Pracht entfalten können.

schnitten werden. Dabei schneidet man mit einer Gartenschere alle zu groß gewordenen Pflanzenteile ab. Sind die Polster von innen heraus verkahlt, können wir mit lockerer Gartenerde oder mit einem Gemisch aus Sand und Gartenerde zwischen den Trieben auffüllen. Die Polsterstauden bilden dann neue Wurzeln in der Auffüllerde. Obwohl die meisten Polster sehr robust sind, ist vorsichtiges Arbeiten wichtig, damit die Pflanzen nicht unter der Erde ersticken.

Auch die Schneeheide *(Erica carnea)* ist nun verblüht und sollte zurückgeschnitten werden. Dabei werden die verblühten Blütenstände bis zur Hälfte der Vorjahrestriebe zurück geschnitten. Durch den alljährlichen Schnitt bleiben die Pflanzen kompakt, wachsen sehr buschig und verkahlen nicht; zudem wird die Blühwilligkeit gesteigert.

Winterschutz entfernen

Winterschutzabdeckungen mit Reisig werden endgültig entfernt. Spätfrost gefährdete Stauden, wie Tränendes Herz oder Kaiserkronen, können wir bei Bedarf mit einer übergestülpten Schachtel oder Vlieshaube vor Nachtfrösten schützen. Für sämtliche Frostschutzabdeckungen gilt der Grundsatz, sie niemals in der Morgensonne einer Frostnacht entfernen. Unter der Frostschutzabdeckung können die unterkühlten Pflanzenteile langsam aufwärmen und erleiden weniger oder gar keinen Schaden. Erst wenn es auch unter der Abdeckung wärmer geworden ist, darf man die schützende Hülle entfernen. Haben wir vergessen, die Frostschutzabdeckung anzubringen, ist es unter Umständen sogar sinnvoll, steif gefrorene Pflanzen noch spät nachts oder am frühen Morgen vor der starken Frühlingssonne abzudecken, um ein langsames Auftauen zu ermöglichen.

Dahlien pflanzen

Ende April können wir in milden Gegenden bereits Dahlien pflanzen.

Im Fachhandel finden wir jetzt eine große Auswahl sommerblühender Zwiebel- und Knollenpflanzen. Alte Bekannte sind Lilien in vielen Sorten, Gladiolen, Montbretien, Canna und Anemonen. Eine besonders exotische Note bringen Zwiebelpflanzen aus den Tropen und Subtropen in unsere Gärten. Die aus Südafrika stammenden Belladonna-Lilie *Amaryllis bella-donna*, die Schopflilie *Eucomis comosa* und die Heckenlilie *Crinum powellii* sind besonders prächtig. Sie müssen im Herbst aus dem Boden entnommen und wie Dahlien und Gladiolen frostfrei überwintert werden. Die Pflanzung angetriebener Zwiebel- und Knollenpflanzen verschieben wir bis nach den Eisheiligen, um die empfindlichen Triebe nicht zu gefährden.

Sommerblumen anziehen

Unempfindliche Sommerblumen können wir gegen Ende des Mo-

Sommerblumenbeete bescheren uns abwechslungsreichen Blütenflor.

Sommerblumen für den Garten

Deutscher Name	Botanischer Name	Aussaatzeit	Aussaatort	Verwendung	Bemerkung
Fuchsschwanz	*Amaranthus caudatus/A. paniculatus*	III–V	Freiland	Schnitt, Trockenblume	Dekorative Einjahresblume
Löwenmäulchen	*Antirrhinum majus*	IV–V	Frühbeet/ Schälchen	Beet, Schnitt	weite Aussaat, nach dem Pikieren entspitzten
Australisches Gänseblümchen	*Brachyscome iberidifolia*	III–V	Schälchen	Beet, Balkonkasten	Blaues Gänseblümchen mit reichem Farbenspiel
Sommeraster	*Callistephus chinensis*	III–IV	Schälchen	Beet, Schnitt	Zwergastern auch für Beeteinfassungen
Ringelblume	*Calendula officinalis*	IV	Freiland	Beet, Schnitt, Heilpflanze	Salbenherstellung aus den Blüten
Kornblume	*Centaurea moschata, C. cyanus, C. americana*	III–IV	Freiland/ Schälchen	Schnitt, Trockenblume	schönes Farbenspiel bei verschiedenen Sorten
Zwergwucherblume	*Coleostephus multicaulis*	IV	Schälchen	Beet, Balkonkasten	weiß oder gelb blühende Balkonkastenpflanzen
Rittersporn	*C. regalis/ C. consolida*	III–IV	Freiland	Schnitt, Trockenblume, Beet	Einjähriger Rittersporn, gut zum Trocknen geeignet
Schmuckkörbchen	*Cosmos*-Arten	V	Freiland	Beet, Schnitt	hohe und niedere Sorten
Dahlie	*Dahlia variabilis*	III–IV	Schälchen	Beet, Balkonkasten	Einjährige Zwergdahlien
Mittagsgold	*Gazania splendens*	I–II	Schälchen	Beet, Balkonkasten	wunderschönes Farbenspiel, blühen nur in der Sonne
Sonnenblume	*Helianthus annuus*	IV–V	Freiland	Beet, Schnitt	gelb- und braunblühende Sorten
Strohblume	*Helichrysum bracteatum*	IV–V	Freiland	Beet, Schnitt, Trockenblume	ideale Trockenblume, gut für volle Sonne
Sonnenflügel	*Helipterum manglesii*	III–IV	Schälchen	Beet, Trockenblume	rosa und weiß blühende Trockenblume
Sommerzypresse	*Kochia scoparia*	III–IV	Schälchen	Beet	einjährige, Thujen-ähnliche Grünpflanze
Edelwicke, Duftwicke	*Lathyrus odoratus*	IV	Freiland	Kletterpflanze, Schnitt	bekannte Schnittblume und Kletterpflanze
Strandflieder	*Limonium sinuatum*	II–III	Schälchen	Beet, Trockenblume	bekannte Trockenblume, viele Farben
Gauklerblume	*Mimulus*-Sorten	IV	Freiland	Beet	reich blühende, niedere Beetpflanze
Vergissmeinnicht	*Myosotis*-Hybriden	VI–VII	Freiland	Beet, Balkonkasten	bekannte, blau, rosa und weiß blühende Beetpflanze
Ziertabak	*Nicotiana*-Sorten	IV–V	Freiland	Beet, Schnitt	reich blühende Beetpflanze, weiß, rosa und rot
Jungfer im Grünen	*Nigella damascena*	III–IV	Freiland	Beet, Schnitt, Trockenblume	altbekannte Trockenblume
Geranie	*Pelargonium*-Sorten	I–II	Schälchen	Beet, Balkonkasten	bekannte Geranie aus Samen, teueres Saatgut
Bartfaden	*Penstemon hartwegii*	II–III	Schälchen	Beet, Schnitt	prächtige Beetpflanze
Flammenblume	*Phlox drummondii*	III–IV	Schälchen	Beet, Balkonkasten	Polsterpflanze in leuchtenden Farben
Wunderbaum	*Ricinus communis*	III–IV	Schälchen	Beet	stattliche Pflanze mit roten oder grünen Blättern
Sonnenhut	*Rudbeckia hirta*	III–IV	Schälchen	Beet, Trockenblume	bekannte Sommerblume
Ziersalbei	*Salvia farinacea*	III–IV	Schälchen	Beet, Schnitt, Trockenblume	blau oder weiß blühende Trockenblume
Spaltblume	*Schizanthus wisetonensis*	III–IV	Schälchen	Beet	buntblühende, niedere Beetpflanze
Studentenblume	*Tagetes*-Sorten	IV–V	Schälchen	Beet, Trockenblume	gelb, orange Blüten, hohe und niedere Sorten
Kapuzinerkresse	*Tropaeolum*-Sorten	IV–V	Schälchen	Beet, Kletterpflanze	buntblühende Pflanze, kletternde Sorten, eßbar
Stiefmütterchen	*Viola*-Sorten	VI–VII	Schälchen	Beet, Balkonkasten	bekannte Beetpflanze, groß- und kleinblumig
Zinnie	Zinnia-Sorten	V	Freiland	Beet, Schnitt, Trockenblume	bekannte Sommerblume

nats bereits direkt ins Freiland aussäen. Die Anzucht im Frühbeet oder Gewächshaus garantiert aber eine schnellere und sicherere Entwicklung.
Viele ein- und zweijährige Sommerblumen können im Garten umher wandern, ohne jemals lästig zu werden. Dazu müssen wir die verblühten Pflanzen stehen lassen, damit sich genügend Samen entwickeln und ausfallen können. Goldmohn, Ringelblumen, Jungfer im Grünen, Duftsteinrich und Kosmee eignen sich ideal dafür.

Erste Rasenpflege

Mit dem ersten Schnitt und anschließendem Vertikutieren beginnen wir die sommerliche Rasenpflege. Das dabei anfallende Schnittgut ergibt eine ideale Mulchdecke zwischen unseren Stauden, Gemüse- und Erdbeerpflanzen.
Falls noch nicht geschehen, ist nun Zeit für die erste Düngung.

Rasenschnitt ist ein billiges und hochwertiges Mulchmaterial.

Gemüsegarten

Gemüse anziehen

Wie bereits im März sind wir immer noch mit der Anzucht von Gemüsepflanzen beschäftigt. Direkt ins Freiland werden nun Möhren, Dicke Bohnen, Radieschen, Rettiche, Erbsen, Spinat und Schwarzwurzeln ausgesät. Auch die einjährigen Gewürzkräuter Petersilie, Kerbel, Dill, Majoran und Boretsch säen wir jetzt aus. Gegen Ende des Monats folgen Mangold, Pflücksalat, Mairüben und Rote Rüben.
Die im März angezogenen Gemüsejungpflanzen werden auf die Beete gepflanzt und nach dem Angießen wie die frischen Saaten mit Lochfolie oder Vlies abgedeckt.
Neben den Aussaaten für die Folgesätze unserer Gemüsekulturen, ist Anfang des Monats Zeit für die Anzucht von Tomaten, Gurken, Kürbis, Melonen, Zucchini und Sellerie. Bereits im Keimblattstadium pikieren wir sie in 9–10 cm Töpfe. Für die kleineren Selleriepflänzchen reicht eine Topfgröße von ca. 3 cm aus.
Für eine erfolgreiche Anzucht ist die Verwendung einer hochwertigen Aussaat- und Pikiererde wichtig. Sie ist ungedüngt bzw.

Um gerade Reihen zu erhalten, säen wir Erbsen entlang einer Pflanzschnur.

nur mäßig vorgedüngt und bietet dadurch, sowie auf Grund ihrer Struktur, beste Voraussetzungen für das Anwachsen.
Rein weibliche Gurkensorten, wie 'Bella' und 'Sandra', eignen sich bestens für die Kultur im Gewächshaus.

Tomaten pflanzen

Das Sortenangebot bei Tomaten ist fast unüberschaubar. Bei der Auswahl sind F_1-Sorten zu bevorzugen. Sie sind in der Regel gegen Krautfäule unempfindlich.

Frühkartoffeln pflanzen

In milden Gegenden können jetzt die angetriebenen Frühkartoffeln gepflanzt werden. Unmittelbar nach der Pflanzung wird die Fläche mit einer dünnen Mulchschicht und einer Lage Lochfolie oder Gartenvlies bedeckt.

Schutz vor Unkraut

Gemüsebeete, die erst im Sommer bepflanzt werden sollen, säen wir mit einer Gründüngung ein.
Das Saatbeet der im März ausgesäten Karotten kontrollieren wir nach Unkrautkeimlingen. Sind die zarten Keimblätter der Karotten noch nicht zu sehen, können wir die aufgegangenen Unkräuter auch mit einer Lötlampe abflammen. Dabei genügt es, die Keimlinge nur bis zum Anwelken zu erhitzen.
Auch andere Beete, die wir zur Direktsaat verschiedener Gemüse vorgesehen haben, bereiten wir zur Aussaat vor, um dort unmittelbar vor der Aussaat ebenfalls das gekeimte Unkraut abzubrennen.

Ein Spargelbeet

Ist im Garten genügend Platz vorhanden, ist die Anlage eines Spargelbeetes überlegenswert. Dafür ist jetzt die richtige Zeit. Ist ein solches bereits vorhanden, dann ist im 3. Standjahr mit dem ersten Ertrag zu rechnen. Anfang April werden die Dämme hochgezogen und zur Ernteverfrühung mit einer Folie abgedeckt.

Frühbeet und Gewächshaus lüften

Bei typischem Aprilwetter wechseln sich Sonne und Schneeschauer ab. Dies führt zu schneller Erwärmung in Frühbeet und Gewächshaus. Nach dem Lüften kann es aber innerhalb weniger Minuten wieder empfindlich abkühlen. An manchen Tagen ist man dann mehr mit Lüften und Ablüften als mit anderer Arbeit beschäftigt. Kann man die Temperatur nicht ständig beaufsichtigen, ist leichtes Lüften vormittags und ablüften erst nachmittags besser als eine Überhitzung in Kauf zu nehmen. Jungpflanzen, die später ins Freie gepflanzt werden, kultivieren wir kühler um sie abzuhärten.

An sonnigen Tagen müssen die Frühbeete ausgiebig gelüftet werden, um die Pflanzen abzuhärten.

Erste Ernte

Bei günstiger Witterung kann gegen Ende des Monats bereits der erste Salat auf dem Gewächshaus oder Frühbeet geerntet werden. Er ist noch sehr zart und unter Umständen von Blattläusen befallen. Eine direkte Bekämpfung ist nicht lohnenswert. Zur Sicherheit geben wir dem Waschwasser eine kräftige Prise Kochsalz zu, um die Läuse abzutöten. Bleiben wider Erwarten doch einige Läuse an den Blättern haften, betrachten wir diese als »Gewürzläuse«, die für den guten Geschmack sorgen, und übersehen sie mit dem guten Gewissen, völlig unbelasteten Salat zu essen. Die frei werdenden Flächen werden frisch gedüngt und mit dem 2. Gemüsesatz neu bepflanzt. Im warmen Gewächshaus schon mit Gurken, Tomaten und Paprika.

Obstgarten

Die Zeit des Obstgehölzschnittes ist nun endgültig vorbei. Bis Ende des Monats ist jedoch die Pflanzung von Obstbäumen und Beerensträuchern noch möglich. Soweit nicht bereits im März geschehen, werden die Baumscheiben und Flächen zwischen den Beerensträuchern mit Kompost gedüngt und anschließend abgemulcht.

Obstbäume veredeln

Mit den im Winter geschnittenen Edelreisern kann nun veredelt werden. Die dafür vorgesehenen Unterlagen haben wir bereits im Winter stark zurückgeschnitten. Zur Veredlung werden sie nun nochmals ca. 20 cm abgenommen, um frische Pfropfköpfe zu erhalten, auf die dann sofort veredelt wird.
Die benützte Veredlungstechnik nennt man Geisfuß oder Geißfußpfropfen.
An den auf 4–6 Augen gekürzten Edelreiser werden 3 Veredlungsschnitte ausgeführt, um an der Veredlungsstelle einen dreieckigen, spitz zulaufenden Querschnitt zu erhalten. Danach wird ein genau zum Querschnitt des Edelreis passender, dreieckiger Keil aus dem zuvor sauber abgeschnittenen Propfkopf entfernt. Zur Veredlung müssen Edelreis und Unterlage sauber ineinander passen. Dabei darf die Unterlage nicht zu hoch und nicht zu tief stehen, und die Kambiumschichten (Leitungsbahnen) müssen exakt zueinander liegen. Anschließend wird das Reis vorsichtig, aber fest eingesetzt. Die Veredlungsstelle wird mit Bast umwickelt und mit Baumwachs sorgfältig verstrichen.
Anfänger sollten die Schnittführung zunächst mit Übungsmaterial probieren, bis eine gewisse Sicherheit erreicht ist. Um Quetschungen zu vermeiden, benutzen wir ein scharfes Messer.

Unmittelbar vor dem Veredeln werden die Pfropfköpfe nochmals etwas gekürzt.

Erdbeeren pflanzen

Erdbeeren lassen sich wie die verschiedenen Gemüse mit einer Auflage aus Vlies verfrühen. Dies erfolgt idealerweise nach dem Ausbringen einer Mulchschicht zwischen den Pflanzen.

Aprikose und Pfirsich schützen

Aus dem Süden stammende Obstgehölze, wie Aprikosen und Pfirsiche, sind während ihrer frühen Blüte stark frostgefährdet. Um sie bei Bedarf zu schützen, halten wir ausreichend Vlies, Folie oder einige Tücher bereit. Diese müssen tagsüber entfernt werden, um eine Bestäubung durch Bienen zu sichern.
Bei Obstspalieren an der Hauswand kann der Kälteschutz an der Dachtraufe befestigt werden, er speichert somit einen kleinen Luftraum zwischen Frostschutz und Gehölz.

Pflanzenschutz beim Obst

Bereits jetzt ist bei Apfel und Birne an die Schorfbekämpfung zu denken. Schon vor dem Austrieb kann mit einer erhöhten Konzentration von Neudo-Vital mit vorbeugenden Spritzungen begonnen werden. Ab dem Austrieb ist Netzschwefel ebenfalls wirksam. Ab Ende April können Birnbäume mit regelmäßigen Neudo-Vital-Spritzungen gegen Birnengitterrost geschützt werden.

Ein Blütenmeer für Garten, Terrasse und Balkon

Überquellende Blütenpracht aus verschiedenen Töpfen und Blumenkästen schmücken jedes Haus.

Beet- und Balkonpflanzen nennt der Gärtner eine Fülle von ein- und mehrjährigen Blumen für Garten, Terrasse und Balkon. In den letzten Jahren haben die Gärtner auch für die Vor- und Nachsaison ein reichhaltiges Sortiment entwickelt, so dass heute Haus und Garten fast ganzjährig mit Blumen geschmückt werden können.

Um Ostern begrüßen wir die Frühlingszeit mit verschiedenen angetriebenen Blumenzwiebeln. – Botanische Tulpen, mehrblütige Narzissen (z. B. 'Tête-à-Tête'), Osterglocken, Traubenhyazinthen, Schneeglöckchen, Krokusse, um nur einige zu nennen. Zusammen mit Stiefmütterchen, Veilchen, Vergissmeinnicht, Ringelblumen und buntblättrigen Pflanzen wie Efeu und Gundermann lassen sich sehr schöne, farbenfrohe Arrangements zusammenstellen. Solche Kombinationen vertragen leichten Frost problemlos.

Zu Beginn der warmen Tage nach den Eisheiligen sind die Frühlingsblumen bereits verblüht und können nun gegen die Sommerblüher getauscht werden. Abgeblühte Blumenzwiebeln können in den Garten gepflanzt werden, um in den folgenden Jahren erneut zu blühen. Dabei darf man die Blätter erst entfernen, wenn sie eingezogen sind. Im Herbst ist es dann Zeit, die sommerliche Balkonbepflanzung gegen frostharten Winterschmuck für die kalte Jahreszeit auszutauschen. Dazu eignet sich das breite Sortiment an Heidepflanzen ebenso wie heimische frostharte Gehölze oder einfach ins Substrat gesteckte Koniferenzweige, die man entsprechend dekoriert.

Durch zahlreiche Neueinführungen der Gärtnereien können wir heute aus einer Vielzahl unterschiedlichster Pflanzen unseren Blumenschmuck auswählen. Mit etwas Geschick und guter Beratung finden wir für jeden erdenklichen Standort die passenden Pflanzen. Nachfolgend einige Beispiele in der Tabelle.

Eine reizvolle Ergänzung der normalen Beet- und Balkonpflanzen sind **einjährige Kletterpflanzen**, wie die Schwarzäugige Susanne, die Glockenrebe, Wicken, Kapuzinerkresse, Zierkürbis und Feuerbohnen.

Tipps zur Gestaltung von Balkonkästen

Bei der Pflanzung von Balkonkästen, Ampeln und Schalen können wir uns fast ausschließlich von optischen Gesichtspunkten leiten lassen.

- Bei der Farbauswahl muss der Hintergrund berücksichtigt werden.
- Besonders farbenfroh wirken Kombinationen der drei Grundfarben Rot, Gelb und Blau.
- Weiß bringt die ausgewählten Farben zum Leuchten.
- Eine Ton-in-Ton-Bepflanzung verleiht dem Blumenarrangement eine besondere Note.
- Für die formale Gestaltung ist es wichtig, hängende und stehende Balkonblumen miteinander zu kombinieren. Bei Balkonkästen werden dazu an die Rückseite stehende und dazwischen an die Vorderseite hängende Pflanzen gesetzt.
- Für einen ein Meter langen Blumenkasten benötigt man fünf bis zehn Pflanzen.

Tipp

In einigen Bundesländern bieten Gärtnereien in Aktionen wie »Viva Balkonia« oder »Bayernsommer« bereits fertig bepflanzte Blumenkästen und Schalen an. Man hat die Auswahl unter verschiedenen Kombinationen mit blumigen Namen wie »Knopfschachtel«, »Sommertraum«, »Übermut« und »Bella Italia«. Diese Pflanzenkombinationen sind unter gärtnerischen Gesichtspunkten zusammengestellt und haben sich nunmehr seit mehreren Jahren bewährt.

Balkonblumen pflegen

In der Regel sind Sommerblumen pflegeleicht. Regelmäßiges Ausputzen der verblühten Blüten ist wichtig, um die Blühwilligkeit zu erhalten. Ausreichendes Wässern und Düngen ist selbstverständlich. Zur Düngung eignen sich am Besten kunststoffummantelte Balkonblumendünger wie Osmocote. Sie sind in ihrer Nährstoffanlieferung genau auf die Bedürfnisse der Sommerblumen eingestellt. Ihre Wirkungszeit reicht meist für die ganze Gartensaison aus.

Helichrysum 'Baby Gold', *Sanvitalia* 'Aztekengold' und die Million-Bells-Zauberglöckchen 'Trailing Blue' bilden einen lebhaften Farbkontrast für sonnige Terrassen.

Balkonblumen für Sonne und Halbschatten

Deutscher Name	Botanischer Name	Blütezeit	Blütenfarbe	Wuchsform[1])	Bemerkung
Hängender Fuchsschwanz	*Acalypha hispaniolae*	V – X	rot/weiß	h	kätzchenähnliche, hängende Blüten, auch für Halbschatten
Gauchheil	*Anagallis monelli*	V – X	blau	h	bevorzugt weniger heiße Standorte
Eisbegonie	*Begonia semperflorens*-Gruppe	IV – X	rosa, rot, weiß	st	es gibt auch dunkellaubige Sorten
Goldmarie	*Bidens ferulifera*	IV – XI	gelb	st – h	starkwüchsig, zierliches Laub
Blaues Gänseblümchen	*Brachyscome multifida*	IV – XI	blau, violett, rosa	st – h	reich blühende Begleitpflanze für Beet, Kasten, Ampel
Zwerg-Wucherblume	*Chrysanthemum*-Arten	IV – X	weiß, gelb	st – h	gelb oder weiß blühende Begleitpflanzen
Blaue Mauritius	*Convolvolus sabatius*	V – XI	blau	h	sonnenverträgliche Hängepflanze
Zigarettenblümchen	*Cuphea ignea*	IV – X	rot/weiß	st	auch für Halbschatten
Hängenelken Chinesernelken	*Dianthus caryophyllus*	V – XI	rosa, rot, weiß	h st	auch für Halbschatten für sonnige Plätze
Elfensporn	*Diascia*-Sorten	V – XI	rosa, orange,	h	reich blühend, starkwüchsig, benötigt Rückschnitt
Kapkörbchen	*Dimorphotheca pluvialis*	V – X	weiß/blau, gelb, rosa, violett	st	für sonnige Plätze
Spanisches Gänseblümchen	*Erigeron karwinskianus*	IV – XI	weiß/rosa	h	Blüten wie Gänseblümchen, im Verblühen rosa
Vanilleblume	*Heliotropium arborescens*	IV – XI	blau, violett, rosa	st	stark duftende Sommerblume
Wandelröschen	*Lantana camara*	V – XI	weiß, orange, gelb, violett	st	ändert während des Verblühens die Blütenfarbe
Männertreu	*Lobelia erinus*	V – VIII (– X)	weiß, blau, violett	st – h	Stecklingssorten blühen länger und sind wüchsiger
Duftsteinrich	*Lobularia maritima*	V – X	weiß, rosa, violett	st – h	bodendeckende Pflanzen für Beet, Ampel, Kasten
Asiatischer Felberich	*Lysimachia congestifolia*	V – X	gelb	h	gelbbuntes Laub
Elfenspiegel	*Nemesia*-Sorten	V – XI	weiß, blau, rosa	st – h	reich blühend, starkwüchsig, benötigt Rückschnitt
Petunien	*Petunia*-Hybriden	V – XI	rot, rosa, weiß, blau, gelb	st – h	bekannte Beet- und Sommerblume
Surfinia-Petunie	*Petunia*-Surfinia®-Hybriden	IV – XI	rot, violett, weiß, blau	h	starkwüchsige Sommerblume
Husarenknöpfchen	*Sanvitalia procumbens*	V – X	gelb, gelb-braun, orange	st – h	Blüten wie kleine Sonnenblumen, auch gefüllte Sorten
Blaue Fächerblume	*Scaevola aemula*	V – XI	blau, violett, rosa	h	schöne blaublühende Hängepflanze
Schneeflockenblume	*Sutera diffusus*	IV – XI	weiß	h	reich blühend, neue Sorten auch in rosa
Eisenkraut	*Verbena*-Sorten	V – XI	violett, weiß, rot, rosa, orange, blau	st – h	reichblühende, altbekannte Sommerblume

[1]) st = stehend, h = hängend

Auf gute Blumenerde achten!

Unbedingt notwendig ist es, hochwertige Blumenerden zum Pflanzen in Schalen und Kästen zu verwenden. Die Erde muss eine ausreichende Wasser- und Nährstoffspeicherung gewährleisten und besonders in regenreichen Jahren eine stabile Struktur aufweisen, also nicht zusammensacken oder tagelang triefnass bleiben. In der Zwischenzeit sind torffreie Balkonblumenerden auf dem Markt, die diese Bedingungen hervorragend erfüllen.

Reiche Auswahl an Gefäßen

Die Pflanzgefäße sollten immer möglichst groß gewählt werden, um den Pflanzen ausreichend Nährstoffe und Wasser anzubieten.

Nicht vergessen darf man bei der Pflanzung die Abflusslöcher für überschüssiges Regen- und Gießwasser in den Gefäßen. Verschiedene Hersteller bieten Kunststoffgefäße mit eingebauten Wasserspreichern an, eine durchaus sinnvolle Einrichtung, vor allem für die Urlaubszeit oder für Leute, die beruflich bedingt immer wieder verreist sind.

Das Tropf-Blumat-System bewässert Kästen und Schalen nach Wasserbedarf.

Zur Überbrückung weniger Tage können Infusionsflaschen als Wasserspender dienen. Alle Bewässerungshilfen sollten mehrfach überprüft und genau justiert werden, um bei Bedarf sicher zu funktionieren.

Vor-/Nachteile Kunststoff/Ton als Material

Kunststoffgefäße sind leicht, bruchstabil, pflanzenfreundlich, in verschiedenen Farben lieferbar und kostengünstig. Tongefäße sind aus natürlichem Material, bekommen eine schöne Patina, verleihen Kübelpflanzen sicheren Stand. Besonders dunkle Schalen, Kästen und Töpfe erhitzen sich in der Sonne sehr stark; dadurch wird das Wurzelwachstum stark behindert. Über den Gefäßrand hängende Pflanzen verhindern eine Überhitzung. Geeignet sind dafür Hängepflanzen wie Elfensporn, Hängegeranie, Hängegazanie, Surfinia, Schneeflockenblume, Blaue Mauritius.

Gegen extreme Temperaturen im Sommer wie im Winter isoliert eine 10 bis 15 mm starke Styroporplatte an der Gefäßinnenseite.

Bei einer größeren Zahl von Schalen, Blumenkästen und Kübelpflanzen ist die Anschaffung einer Bewässerungsautomatik überlegenswert. Dabei wird über einen Feuchtefühler der Wasserbedarf der Pflanzen automatisch registriert und das Wasser entsprechend nachgeliefert. Je nach Größe und technischem Aufwand kann man bereits ab 100,– bis 150,– DM eine voll funktionsfähige Anlage erwerben. Die Auswahl reicht von einfachen, aber durchaus praktikablen Ton-Saugkegeln mit Wasserschlauch (System Tropf-Blumat) bis zu computergesteuerten Automaten, die sich auch für den Profigärtner eignen.

Tipp

Terracottagefäße können von innen mit einem Anstrich aus Trinkwasser-Farbe vor Kalkausblühungen geschützt werden.

Bei guter Pflege und ausreichender Düngung sind viele Beet- und Balkonblumen gegen leichte Fröste im Herbst unempfindlich. Um größere Schäden zu vermeiden, ist es ratsam, ab Anfang Oktober Vliese, Decken oder große Schachteln für nächtliche Frostschutzmaßnahmen bereitzustellen.

Balkonblumen überwintern

Steht ein geeigneter frostfreier und heller Raum zur Verfügung, können Beet- und Balkonblumen darin überwintert werden. Nicht alle Arten sind dafür geeignet, da einige nach einer Vegetationsperiode absterben. Geranien, Fuchsien und viele andere können zusammen mit den Kübelpflanzen vor den ersten Frösten nach Rückschnitt und Schädlingskontrolle ins Winterquartier geräumt werden. Ausreichendes, aber vorsichtiges Wässern ist dann sehr wichtig; in jedem Fall dürfen die Pflanzen nicht zu feucht gehalten werden, da es durch den geringen Verbrauch im Winter sonst leicht zu Fäulnis kommt. Viele Gärtnereien bieten die Kübelpflanzenüberwinterung als besonderen Service an. Dort werden die Pflanzen unter idealen Bedingungen betreut und erfreuen uns im folgenden Frühjahr aufs Neue.

Kübelpflanzen auf Balkon und Terrasse

Kübelpflanzen bringen uns südliche Ferienstimmung auf Terrasse und Balkon. Viele sind im Mittelmeerraum heimisch und kommen mit unseren Sommern gut zurecht. Feigen, Oleander, Zitrusfrüchte, Geranien-, Fuchsien- und Margeritenbäumchen und Engelstrompeten sind weit verbreitet und Jedermann bekannt. Seltener finden wir Passionsblumen, Schönmalve *(Abutilon)*, Schmucklilie *(Agapanthus)*, Bleiwurz *(Plumbago)*, Brautmyrthe *(Myrtus communis)*, Enzianbaum *(Solanum rantonnetii)*, Kletterkartoffel *(Solanum jasminoides)*, Veilchenstrauch *(Jochrona)*, Bananen *(Musa*-Arten), verschiedene Palmen *(Phönix, Trachycarpus, Washingtonia* und andere), Bougainvillea, Pfeifenputzer *(Callistemon)*, Baumtomate *(Cyphomandra)*, und viele andere.
Auch bei den Kübelpflanzen haben in den letzten Jahren viele Neueinführungen das altbekannte Sortiment erheblich vergrößert, so dass jeder aufmerksame Pflanzenliebhaber immer wieder etwas Neues entdecken kann. Da Kübelpflanzen oft sehr verschiedene Ansprüche haben, ist eine ausführliche Beratung beim Kauf ein unabdingbarer Garant für eine erfolgreiche Pflege. Siehe dazu auch Seite 120.

Zusammen mit schönen Gartenmöbeln und Terracotta lässt sich mit Kübelpflanzen eine südliche Atmosphäre zaubern.

Die Bleiwurz *Plumbago auriculata* ist bruchempfindlich. An einer Stütze aus Bambusstäben kann sie sich gut entwickeln.

Spezielle Kübelpflanzengärtnereien bieten eine reiche Auswahl an. Bei vielen Arten ist der Übergang von der Zimmer- zur Kübelpflanze fließend. Man kann es durchaus einmal probieren, verschiedene Zimmerpflanzen an einem zunächst geschützten Ort im Freien aufzustellen. Unter anderem freuen sich verschiedene Gummibaum-Arten *(Ficus)*, *Hibiscus*, Topfgerbera, Zimmeryucca und die meisten Kakteen über einen Sommerplatz auf der Terrasse. Eine besonders vorsichtige Gewöhnungsphase ist bei diesen Pflanzen wichtig. Für einen sicheren Wasserabzug über den Topfboden ist zu sorgen. Das Zypergras *(Cyperus)* kann auch im Freien ständig im Wasser stehen.

Rasen und Blumenwiese

In vielen Wohngärten ist der Rasen nicht nur der Mittelpunkt des Gartens, sondern Liegefläche, Spiel- und Fußballplatz in einem. Damit der Rasen seine vielfältigen Aufgaben übernehmen kann, müssen einige Dinge beachtet werden.

Einen Rasen anlegen

Eine gründliche **Bodenvorbereitung** zur Neuanlage ist eine wesentliche Voraussetzung für das anhaltend gute Gedeihen eines Rasens. Je nach Bedarf beginnt die Bodenbearbeitung damit, Bodenverdichtungen zu beseitigen; dies kann bei großen Flächen mit einem traktorbetriebenen Grubber erfolgen, bei kleineren Flächen durch 2- bzw. 3-fach tiefes Umgraben.
Bauschuttreste, große Steine und Holzteile müssen entfernt werden, ausgiebige Bodenlockerung – bei größeren Flächen mit einer Bodenfräse – sowie gegebenenfalls das Einbringen von Humus oder Sand zur Bodenverbesserung folgen nach. Anschließend wird das so genannte **Feinplanum** mit einem Holzrechen erstellt. Dabei werden kleinere Unebenheiten ausgeglichen und das spätere Bodenprofil hergestellt. eine feinkrümelige Oberfläche erleichtert das Einarbeiten das Saat. Gleichzeitig werden nochmals grobe Steine und Bodenteile abgesammelt. Eine sorgfältig vorbereitete Saatfläche erleichtert die spätere Pflege erheblich. Dann kann eingesät werden. Die Auswahl der Saatgutmischung richtet sich nach dem geplanten Verwendungszweck. Qualitativ hochwertig sind die Regel-Saatgut-Mischungen (RSM) Sportrasen RSM 5, Gebrauchsrasen B RSM 3, Engl. Rasen RSM 1 und die Mischungen Spielrasen und

Rasenaussaat
Ein sorgfältig erstelltes Feinplanum erleichtert die Ansaat und die spätere Pflege.

Die Wahl der richtigen Saatgutmischung sichert den Erfolg der Arbeit. Hier wird es in den Streuwagen eingefüllt.

Ein mit der Hand geführtes Sägerät gewährleistet eine sehr gleichmäßige Saatgutverteilung.

Nach dem leichten Einarbeiten der Saat wird bis zur Keimung ausreichend und regelmäßig beregnet.

Ein Rasen ist nicht nur Liegewiese und Bolzplatz, sondern auch Gestaltungselement, das verschiedene Gartenbereiche miteinander verbindet.

Tipp

Abzuraten ist von Wiesensamenmischungen, die viele einjährige Arten wie Klatschmohn, Kornblume, Bienenfreund usw. enthalten. Diese oft als »Feldblumenmischungen« angebotenen Packungen ergeben zwar im ersten Jahr eine bunte »Wiese«, im zweiten Jahr macht sich jedoch der Gräseranteil breit, und farbloses Grün herrscht vor. Solche Mischungen eignen sich nur für die Begrünung kahler Flächen für ein Jahr und müssen jährlich nachgesät werden. Mischungen mit dauerhaften Kräutern entwickeln sich anfangs sehr langsam.

Berliner Tiergarten. Für schattigere Flächen ist unter Umständen der Schattenrasen RSM 10 geeignet. Je nach Rasentyp werden 20 bis 30 g/m² ausgesät.

Nach der Aussaat wird die Fläche nochmals mit einem Holzrechen abgezogen, um die Samenkörner in die Erde einzubringen. Vor dem Wässern wird die Fläche mit einer Rasenwalze (im Fachgeschäft ausleihen) abgewalzt. Da die Oberfläche nach dem ersten Angießen nicht mehr abtrocknen darf, ist es ratsam, kurze, aber häufige Bewässerungsintervalle einzuhalten.

Ansaaten ab Mitte September sind bei frühem Frost stark gefährdet.

Bei einer Wuchshöhe von 8–10 cm darf das erste Mal auf 3–4 cm Höhe gemäht werden. Ein scharfes Mähermesser schont die Gräser. Der zweite und die folgenden Schnitte erfolgen bereits bei 6–8 cm Wuchshöhe. Lässt man den Rasen zu hoch wachsen, wird das nächste Mähen deutlich erschwert. Die Schnitthöhe ist vom Rasentyp abhängig. Im Sommer sollte man den Rasen grundsätzlich etwas höher wachsen lassen.

Das Mähgut ist ein hervorragendes Mulchmaterial. Die erste Düngung erfolgt etwa sechs Wochen nach der Saat. Rasengräser werden stickstoffbetont gedüngt. Im Abstand von acht Wochen gibt man abwechselnd etwa 20 g/m² eines organischen oder mineralischen Stickstoff- und Volldüngers, am besten bei bedecktem Wetter, keinesfalls bei voller Sonne. Anschließend kräftig einwässern, damit es nicht zu Verbrennungen kommt.

Eine Blumenwiese anlegen

Wesentlich aufwändiger ist die Anlage einer Blumenwiese. In der Natur gedeihen die prächtigsten Magerwiesen an besonders kargen Standorten. Für eine große Artenvielfalt sind die passenden, möglichst mageren Bodenverhältnisse zu schaffen. Für eine Blumenwiese

- arbeiten wir statt Humus und Kompost feinen und groben Splitt oder Sand ein,

- vermeiden jegliche Düngung,
- eventuell nur unmittelbar nach der Ansaat wässern und
- mähen nur zwei Mal jährlich mit Sense oder Balkenmäher.

Das Mähgut kann zu Heu getrocknet werden. Dabei fallen die Samen der einjährigen Kräuter aus und sorgen für ihre Erhaltung. Bis es schließlich gelingt, eine schöne Wiese zu erhalten, vergehen einige Jahre Zeit. Manchmal glückt dies auch nach Jahren nicht, und es stellen sich hochwüchsige Gräser mit kaum blühenden Blumen ein. Je nach Bodenverhältnissen kann dies verschiedene Ursachen haben.

Auch für Blumenwiesen werden verschiedene Saatgutmischungen angeboten. Bei der Auswahl der Arten sollten wir uns ausschließlich auf heimische Pflanzen beschränken. Die benötigte Menge ist von der Artenzusammensetzung abhängig und liegt zwischen 2 und 10 g/m^2.

Saatgutmischungen enthalten neben einem hohen Gräseranteil eine Vielzahl von Kräutern und Blumen. Ein Teil der gekeimten Pflanzen wird immer eingehen bzw. im 2. Standjahr nicht mehr auftauchen, da durch die gegebenen Bodenverhältnisse selbst unter optimalen Bedingungen eine starke natürliche Selektion stattfindet. Dafür können sich aus dem Umland Arten in einer extensiv gepflegten Wiese ansiedeln. Verschiedene besonders wertvolle Arten können auch als Pflanzen aus der Staudengärtnerei direkt in die angelegte Blumenwiese gepflanzt werden.

Vom Rasen zur Blumenwiese

Auch aus einer alten Rasenfläche kann sich durch unser Zutun eine Wiese entwickeln. Meistens haben sich darin schon einige Blumen wie Gänseblümchen, Margeriten und Wiesenschaumkraut angesiedelt. Auch hier müssen wir für eine Veränderung der zu guten weil zu nährstoffreichen Bodenverhältnisse sorgen, denn der Nährstoffreichtum fördert vor allem die Gräser, während sich bunte Blumenpracht eher auf mageren Böden einstellt. Wir magern also den Boden ab, indem wir feinen Splitt oder Sand 2 bis 4 cm stark aufbringen und zwischen die Gräser einarbeiten. Bei dem im ersten Jahr noch häufigen Mähen (3–4 Mal) muss unbedingt das Mähgut entfernt werden, um dem Boden möglichst viel Nährstoffe zu entziehen. In den Folgejahren die Mäharbeiten allmählich reduzieren, mit dem Ziel, die für eine zweimalige Mahd üblichen Termine Anfang Juni und Ende September einzuhalten.

Nach dieser Methode benötigt der Wandel vom Rasen zur Blumenwiese mehrere Jahre, je nach Standort, Boden und Ausgangszustand des Rasens. Durch Einsaat und Anpflanzung verschiedener Kräuter kann man die Entwicklung etwas beschleunigen.

Blumenwiesen können mit dem Balkenmäher oder der Sense gemäht werden.

Je nach Standort entwickeln sich unterschiedliche Kräuter in einer Blumenwiese. Magere Böden steigern die Artenvielfalt.

Arbeiten im Mai

Seit alters her hat der Mai im Jahreslauf eine besondere Bedeutung. Jetzt wechselt die kalte Zeit endgültig hin zum Wachsen und Blühen. Obwohl nun der arbeitsreichste Jahresabschnitt beginnt, sollten wir uns immer wieder die Muße nehmen, um das rege Geschehen in Garten und Natur aufmerksam zu beobachten.
Wir Gärtner können den Mai in zwei Abschnitte einteilen, einen vor und einen nach den Eisheiligen. Die Eisheiligen beginnen am 11. Mai und enden mit der »Kalten Sophie« am 15. Mai. Damit ist nun meistens die Gefahr von Spätfrösten vorüber.

Ziergarten

Sommerblumen im Staudenbeet

Zwischen Stauden können Duftsteinrich, Leberbalsam, Löwenmäulchen, Eisbegonien, Ringelblumen, Astern und Zwergastern, Federbusch und Hahnenkamm, Wucherblume, Zwergdahlien, Sommernelken, Mittagsgold, Atlasblume, Sonnenblumen, Ziertabak, Bechermalven, Männertreu, Gauklerblume, Bartfaden, Ricinus, Sonnenhut, Feuersalbei, Spaltblume, Eisenkraut gepflanzt werden. Besonders in jungen Staudenbeeten lassen sich damit vorzüglich die noch vorhandenen Lücken schließen, und über die ganze Vegetationsperiode für Blütenflor sorgen. Die Pflanzzeit für sommergrüne Laubgehölze ist jetzt abgeschlossen.

Für **Moorbeetpflanzen** gilt dies noch nicht, sie haben erst jetzt ihre ideale Pflanzzeit. Da sie meist in reinem Torf kultiviert werden, ist ausreichend Ballenfeuchtigkeit beim Pflanzen sehr wichtig. Am besten stellen wir die Ballen für einige Stunden in einen Wasserbottich, damit sich der filzige Wurzelballen voll saugen kann.

Rhododendron pflanzen

Moorbeetpflanzen benötigen saure Bodenverhältnisse. In kalkreichen Gegenden ist dies langfristig nur durch die Anlage eines isolierten Moorbeetes möglich. Voraussetzung dafür ist die konsequente Trennung der Moorbeetanlage von dem sie umgebenden Mutterboden. Der Aufbau ist dem eines Gartenteiches sehr ähnlich. Zunächst wird eine etwa 50 cm tiefe Grube mit der Grundfläche des späteren Moorbeetes ausgehoben. Im Gegensatz zum Teichbau sollen die Ränder senkrecht abgestochen werden.
Jetzt folgt der wichtigste und unter Umständen sehr aufwändige Arbeitsgang, der Anschluss eines auf Dauer voll funktionsfähigen Ablaufs. Dazu verlegen wir vom tiefsten Punkt der Grube aus einen Schlauch oder ein Rohr mit mindestens 1″ Durchmesser – je nach Größe des Moorbeetes – zu einer tiefer gelegenen Kanalistion oder einem tiefer gelegenen freien Auslauf. Danach kleiden wir die Grube mit einer Teichfolie

Eisenmangel-Chlorose an einem Rhododendron weist auf zu hohen pH-Wert im Boden hin. Ist der Schaden jedoch bereits so weit fortgeschritten wie hier, ist auch eine Behandlung mit einem Eisendünger aussichtslos.

aus. Sie darf in diesem Fall auch nur 0,5 mm stark sein. Der Abfluss unter der Folie wird mit einem Waschbeckenanschluss in

die Folie eingeschraubt. Über den Abfluss legen wir eine Vliesschicht, um das Einschwämmen von Erde zu verhindern.
Anschließend füllen wir eine 5–10 cm starke Schicht aus Styroporabfall oder kalkfreiem Kies zur besseren Entwässerung des Moorbeets ein. Darauf folgt eine Vlieslage zur Trennung von Drainage und Moorbeeterde.

Saure Erde

Jetzt folgt die Erde für unsere Moorbeetpflanzen. Diese können wir uns selbst mischen, indem wir möglichst grobkörnigen Weißtorf mit etwa 20 % Rindenhumus (zur besseren Durchlüftung) vermischen oder fertige Moorbeeterde kaufen. Zum Abschluss wird die am Rand überstehende Folie abgeschnitten oder umgeschlagen und gut getarnt.

Bereits bei der Auswahl des Standorts muss beachtet werden, dass kein Wasser von anderen Gartenbereichen in das Moorbeet einfließen kann, da dadurch langfristig der pH-Wert der Moorbeeterde steigen kann.

Bei der Pflanzung lassen sich viele Stauden und Gräser mit den **Rhododendren** und **Azaleen** kombinieren. Auch verschiedene Farne und andere wald- und waldrandbewohnende Pflanzen sind bestens dafür geeignet.

Sommerblumenzwiebeln

Blumenzwiebeln und Knollen, die im April nur unter einem Kälteschutz gepflanzt werden dürfen, können nach den Eisheiligen problemlos ohne Schutz in den Boden gebracht werden. Eine dichte, nicht zu starke Mulchdecke fördert ihren Austrieb. Viele Zwiebelblumen sind bereits verblüht. Wir entfernen nur die heranreifenden Fruchtstände und belassen die grünen Blätter bis zum Vergilben an der Pflanze; sie lassen sich dann ohne Kraftaufwand einfach herausziehen. Wollen wir Blumenzwiebeln aus dem Beet entfernen, stechen wir die Pflanzen vorsichtig aus und entfernen die Laubblätter erst, nachdem sie eingetrocknet sind. Auch bei anderen Blumen und Gehölzen entfernen wir die abgeblühten Pflanzenteile. Damit ersparen wir der Pflanze die kräftezehrende Fruchtbildung und sorgen somit für einen besseren Pflanzenwuchs.

Erster Staudenschnitt

Bei den frühjahrsblühenden Polsterstauden kann nach der Blüte der Rückschnitt mit einer Papierschere erfolgen. Bei den hohen Beetstauden, die im Sommer blühen, können wir durch einen Rückschnitt der Triebe eine Blühverzögerung bis in die Hochsommerzeit erreichen. Auch die **Schneeheide** wird jetzt, nach der Blüte, zurückgeschnitten. Will man sie kompakt halten, wird der verblühte Blütenstand komplett abgeschnitten.

Angetriebene Gladiolenzwiebeln können nach den Eisheiligen bedenkenlos gepflanzt werden.

Pflanzzeit für Balkonblumen

Nach den Eisheiligen, Mitte Mai, ist Pflanzzeit für die Sommer- und Balkonblumen. Viele Gärtnereien veranstalten bereits Anfang des Monats einen Tag der offenen Tür, an dem man sich ausgiebig über Neuheiten und die verschiedenen Pflegeansprüche der Balkon- und Kübelpflanzen informieren und beraten lassen kann. Voraussetzung für ihr gesundes Wachstum ist eine hochwertige Balkonblumen- oder Kübelpflanzenerde. Sie muss ausreichend Nährstoffe und Wasser

Bei Rosen müssen die Wildtriebe (links) ganz entfernt werden.

speichern können und dauerhaft strukturstabil bleiben. Aus ökologischen Gründen wählen wir ein Produkt ohne Torf.
Selbst überwinterte Balkon- und Kübelpflanzen räumen wir nun ins Freie. Zunächst an etwas beschattete Orte, damit die empfindlichen Blätter und Triebe keinen Sonnenbrand bekommen. Nach einigen Tagen können sie dann möglichst bei regnerischem Wetter an die volle Sonne gestellt werden.

Wildtriebe bei Rosen entfernen

Bei den Rosen achten wir aufmerksam auf die Entwicklung von Wildtrieben unterhalb der Veredlungsstelle. Sie sind leicht an ihren feiner gefiederten Blättern zu erkennen. Zum Entfernen wird die Rosenwurzel von der Seite etwas freigelegt und der Wildtrieb mit einem kräftigen Ruck abgerissen. Eine übermäßig große Wunde kann mit künstlicher Rinde aus der Tube verschlossen werden.

Rasenschnitt als Mulchdecke

Die vielen neu gepflanzten Blumen- und Gemüsepflanzen freuen sich über eine Mulchschicht aus Rasenschnitt. Eine Schichtstärke von 2–3 cm ist ausreichend. Diese Schicht wird von den Bodenorganismen schnell zersetzt, so dass wir nach einigen Wochen erneut mulchen sollten. Dadurch entsteht ein Mulchzyklus, der die problemlose Entsorgung des Rasenschnittgutes ermöglicht.

Gemüsegarten

Gemüse und Kräuter aussäen und pflanzen

Nach den Eisheiligen säen wir die **wärmeliebenden Gemüsearten** wie **Bohnen** und **Gurken** aus. Falls wir diese bereits im April zur Vorkultur in Töpfe gesät haben, werden sie nun ausgepflanzt. Durch die Vorkultur erhalten wir kräftigere und auch gegen Schnecken widerstandsfähigere Pflanzen.
Jetzt kann auch der wärmeliebende **Basilikum** gesät werden. Bei den Gewürzkräutern ist ausreichender Pflanzenvorrat wichtig, um schonend ernten zu können. Dabei dürfen wir bei einer Ernte nicht mehr als 25 % der Pflanzenmasse entfernen. Ist der Bedarf besonders hoch, sorgen wir durch mehrfaches Aussäen für Nachschub.

Alle Gemüse, die wir in der Anzucht haben, können wir ab Monatsmitte auspflanzen. Für die **kälteempfindlichen Arten** halten wir anfangs noch ein Gartenvlies bereit, um sie abends abzudecken.

Tomaten anbauen

Tomaten im Freiland sind sehr empfindlich gegen übermäßige Nässe an den Trieben und Blättern, es stellt sich dann leicht die gefürchtete Kraut- oder Braunfäule ein. Außerdem können die Früchte während der Endreife bei regnerischem Wetter leicht platzen. Davor können wir sie mit einem Dach aus Folie schützen. Je nach Größe des Tomatenbeetes schlagen wir ca. 2,50 m lange Pfähle in den Boden und achten

Fleischtomaten, Kirschtomaten, Eiertomaten, Flaschentomaten, gelbe Tomaten usw. Nur wenige Gemüse bieten eine solche Sortenvielfalt.

darauf, dass sie – ähnlich einem Frühbeet – auf einer Seite etwas kürzer sind. Auf den Pfählen befestigen wir einen Holzlattenrahmen, den wir vorher mit Folie bespannt haben. Eine sichere Verschraubung ist wichtig, da der Rahmen dem Wind eine große Angriffsfläche bietet.
Bei einer stabilen Ausführung können die Tomatenpflanzen an Schnüren hochgeleitet werden.

An Schnüren aufbinden

Gurken und Tomatenpflanzen befestigen wir in etwa 20 cm Höhe an einer möglichst rauen Sisalschnur mit einem Halbschlag. Das Aufbinden geschieht am besten vor dem Wässern, solange die Pflanzen noch etwas welk sind und weniger leicht abbrechen.
Beim Hochleiten an der Schnur muss die Schnur um die Pflanze und nicht die Pflanze um die Schnur geführt werden! Enges Wickeln unterhalb der Blattansätze gibt sicheren Halt, der sehr wichtig ist, da durch die reifenden Früchte ein erhebliches Gewicht an den Pflanzen hängt. Dies sollte auch beim Bau der Hängekonstruktion für die Schnüre beachtet werden. Während der anfänglich noch kühlen Nächte umspannen wir unsere Konstruktion auch seitlich mit Folie und erhalten somit ein kleines Behelfsgewächshaus.

Gurken aus dem Gewächshaus

Besonders ertragreich sind auf Kürbisunterlage veredelte Gewächshausgurken. Weit verbreitet sind die Sorten Bella F_1 und Sandra F_1. Ihr Wurzelballen wird nur auf den Boden gestellt und leicht angehäufelt, um den direkten Bodenkontakt des Gurkentriebes zu vermeiden. Falls es in der Gärtnerei noch nicht geschehen ist, müssen wir den Gurkentrieb von seiner eigenen Wurzel trennen. Dies geschieht mit einer scharfen Schere, mit der wir den Gurkentrieb unter der Veredlungsstelle abschneiden. Oberhalb der Veredlungsstelle wird der Kürbistrieb abgeschnitten. Bei Gewächshausgurken müssen während der Kulturzeit immer wieder Blüten entfernt werden, da sich die Pflanzen sonst zu schnell erschöpfen und absterben können.
Sofort nach der Pflanzung wird der Boden zum Schutz mit Laub, Stroh oder Rasenschnitt gemulcht.

Weiteres Gemüse nachziehen

Durch erneutes Aussäen verschiedener **Salate** und **Kohlgemüse** erhalten wir Jungpflanzen für die folgenden Kultursätze. Zu

Rein weibliche Gewächshausgurken-Sorten wie 'Sandra' und 'Bella' sind äußerst ertragreich. Sie bedürfen einer intensiven Pflege und ausreichender Düngung.

dicht stehende Aussaaten werden nach dem Auflaufen vereinzelt. Gemüsearten mit langen Wurzelhälsen, wie **Kraut**, **Bohnen** und Erbsen, können bis zu den Keimblättern angehäufelt werden. Bei **Frühkartoffeln** wird ein kleiner Damm aufgezogen. **Lauch** kann in einen kleinen Graben gepflanzt werden. Wenn die Pflanzen angewachsen sind und sich gut entwickelt haben, wird der Graben zugeschüttet und der Lauch damit zu einer kräftigen Entwicklung der Lauchstange angeregt.

Kohlarten, Rettich, Radieschen, Lauch und **Möhren** lassen sich mit einem Gemüsefliegennetz sicher vor dem Befall der Gemüsefliegen schützen.

Spätestens gegen Ende Mai werden von allen Beeten die Kälteschutzvliese oder Folien entfernt. Trübes Wetter ist dazu besonders geeignet. Bei besonders zarten Pflanzen lüften wir bereits einige Tage vorher, um sie abzuhärten

Obstgarten

Bei warmem, trockenen Wetter ist regelmäßiges Wässern der frisch gepflanzten Bäume und Sträucher wichtig. Johannisbeeren haben während und nach der Blüte besonders großen Durst. Ihre Blüten sind vor Nachtfrösten zu schützen.

Strohmulch zwischen den Erdbeeren hält Boden und Pflanzen fit.

Baumscheibe mulchen

Die Baumscheiben werden gemulcht oder mit einer Gründüngung eingesät. Gut geeignet ist dabei die **Kapuzinerkresse**, denn sie vertreibt Läuse. Zwischen den Beerensträuchern können wir mit Grasschnitt mulchen. Die in vielen Gärten zu beobachtende Mulchschicht aus frischer Rinde birgt ein großes Risiko in sich. Diese meist sehr frische Rinde enthält Harze und Gerbstoffe, die die Bäume als Mittel gegen unerwünschten Bewuchs von Moosen, Flechten und anderen Pflanzen an ihrer Rinde, einsetzen. Diese Wirkstoffe werden im Boden nur langsam abgebaut und können sich über Jahre hinaus anreichern. Kümmerlicher Pflanzenwuchs und das Absterben von Pflanzen können darin ihre Ursachen haben.

Beerenobst pflegen

Himbeeren und Brombeeren werden an den Stützgestellen angebunden, um zur Fruchtbildung festen Halt zu haben. Falls die Erdbeeren noch nicht abgemulcht sind, wird es nun Zeit dafür. Dazu entfernen wir zunächst aufkeimendes Unkraut, um anschließend zwischen die Pflanzen unter den Knospenansätzen Stroh oder Grasschnitt auszubringen.

Schonende Schädlingsbekämpfung

Wie im Zier- und Gemüsegarten ist jetzt an den ersten richtig warmen Tagen die Schädlingskontrolle sehr wichtig. Besonders **Blattläuse** können sich explosionsartig vermehren. Spritzungen mit einer selbst gemischten Seifenlauge oder einem nützlingsschonenden Kaliseifenmittel schaffen schnelle Abhilfe und vertreiben die Nützlinge nicht.

Von der **Spitzendürre** *Monilia* befallene Sauerkirschenzweige werden bis ca. 10 cm ins gesunde Holz radikal ausgeschnitten. Die Krankheit ist an den eingedreht herabhängenden Blättern gut zu erkennen. Die vorbeugende Schorf- und Gitterrostbekämpfung führen wir entsprechend der Anwendungshinweise weiter (siehe Seite 54).

Juni

Der Gartenteich 70

Ziergarten 76

Gemüsegarten 78

Obstgarten 79

Der Gartenteich

Die Seerose 'James Brydon' ist eine besonders empfehlenswerte Sorte.

Wasser übt auf uns Menschen eine ungeheure Anziehungskraft aus. Ob kleine Kinder in Pfützen plantschen, oder Opa und Oma das Funkeln der Sonnenstrahlen auf dem See genießen, Wasser zieht unsere Aufmerksamkeit an. Der Wunsch, selbst einen Teich zu besitzen, ist deshalb nur zu verständlich und mit etwas Geschick auch schnell in die Tat umgesetzt. Wassergefüllte Gefäße, wie halbhohe Fässer, können auch auf sonnigen Balkonen stehen.

Planung, Anlage und Bepflanzung

Es hat sich als zweckmäßig erwiesen, sich schon vor dem ersten Spatenstich Gedanken über den richtigen Standort, die Größe und Tiefe, das Teichbaumaterial und über die Bepflanzung zu machen. Besondere Bedeutung bei der Planung hat die Einbindung des Teiches in den umgebenden Gartenbereich. Hier einige bedenkenswerte Hinweise:

- Unter Umständen kann der anfallende Aushub gleich für einen Steingarten Verwendung finden.
- Von einem nahe gelegenen Sitzplatz aus lassen sich die Pflanzen und Tiere des Teiches besonders gut beobachten.
- Ein in den Teich mündender, kleiner Wasserlauf schafft noch mehr Abwechslung im Garten. Auf diese Weise können sogar mehrere Wasserstellen miteinander verbunden werden.
- Durch Wasserflächen im Garten wird das für verschiedene Pflanzen wichtige Kleinklima positiv beeinflusst. Die Luftfeuchtigkeit kann sich beträchtlich erhöhen und damit vielen Pflanzen angenehme Wachstumsbedingungen verschaffen.
- Sonnige bis halbschattige Standorte sind für einen Teich ideal, zu schattige Standorte hemmen die Entwicklung der Tiere und Pflanzen.
- Die Nachbarschaft großer Laubbäume und Sträucher sollte man meiden, um zu verhindern, dass allzu viel Herbstlaub ins Teichwasser gelangt.
- Bei der Gestaltung des Teichrandes werden feuchtigkeitsliebende, auch in der Natur an Gewässern lebende Pflanzen bevorzugt, um den zuwandernden Tierarten optimale Bedingungen bieten zu können.
- Eine dichte Bepflanzung der Ufer- und Flachwasserzone ist

Voraussetzung für eine reichhaltige Fauna am fertigen Gartenteich, die erst richtig Leben in den Garten bringt.

Die Teichabdichtung

Ist der Standort bestimmt, geht es an die Auswahl des Teichbaumaterials. **Fertigteiche** sind der einfachste Weg, doch individuelle Gestaltungswünsche lassen sich damit leider nur selten befriedigen. Teiche aus variablen Baustoffen erfordern einen höheren technischen Aufwand, entschädigen aber mit einer wesentlich besseren Einbindung in das vorhandene Gelände.

PVC-Teichfolien haben sich als ideales Baumaterial tausendfach bewährt. Beim Kauf ist auf beste Qualität zu achten. Die Folie sollte 1,0–1,5 mm Stärke und eine zehnjährige Garantie auf Material und Schweißnähte haben. Auch Teichfolien aus EPDM ist gut zu verarbeiten und lange haltbar, jedoch etwas teurer.

Andere Baustoffe, wie Tonziegelrohlinge oder Silikatmatten, erfordern ein hohes Maß an Knowhow und sind für den unerfahrenen Teichbauer ungeeignet.

Geotextilien als Schutzunterlagen unter die PVC-Folie bietet der Handel in verschiedenen Stärken an. Auch hier geht man bei der Auswahl auf Nummer sicher.

Tipp

PVC-Folien werden mit so genannten Quellschweißmitteln verklebt. Eine dauerhafte sichere Naht erfordert absolut sauberes Arbeiten bei möglichst warmem Wetter und ausreichend Erfahrung. Ungeübte sollten Folienklebungen deshalb vermeiden, sondern sich die Folie fertig verklebt im erforderlichen Maß liefern lassen.

Form und Größe des Teiches

Ist nun auch die Materialfrage geklärt, geht es an die Erdarbeiten. Die **Form des Teiches** sollte in geschwungenen Linien und Ausbuchtungen für Sumpf- und Flachwasserzone verlaufen. Die **Teichgröße** sollte in einem vernünftigen Verhältnis zur Gartenfläche stehen. Nicht vergessen darf man dabei, dass Sumpf- und Verlandungszonen zwar innerhalb der Teichfolie liegen, aber nur teilweise von Wasser bedeckt sind. Eine Fläche von 8 bis 10 m^2 ist die Mindestgröße für einen Teich, 15 m^2 sollten es mindestens sein, wenn man Fische in den Teich setzen möchte.

Ein Folienteich mit einer ausgeprägten Verlandungszone. Gut zu erkennen sind die Höhenstufen für verschiedene Wassertiefen. Der Damm sichert die Teicherde gegen Abrutschen.

Wie geht man bei der Teichanlage vor?

Nach dem Ausschachten wird die exakte Folienfläche mit über Kreuz durch die Grube geführten Messungen mit einem Bandmaß oder Schnüren bestimmt; eine großzügige Messung ist dabei ratsam. Die Teichfolien werden im 2 m Raster bis 500 m^2 fertig konfektioniert angeboten. Mit Farbspray, Sand oder Sägemehl zeichnen wir die Teichform auf die Bodenoberfläche und beginnen mit dem Aushub. Dabei berechnet man eine spätere Teicherde-Schicht von 15 cm bis 20 cm mit ein, so dass eine maximale Aushubtiefe von 100 cm bis 120 cm ausreichend ist.

Die Ausschachtung nehmen wir den gewünschten Wassertiefen entsprechend stufenförmig vor. Die Stufen werden zum Teichrand hin etwas abgesenkt. Damit wird ein Abrutschen der

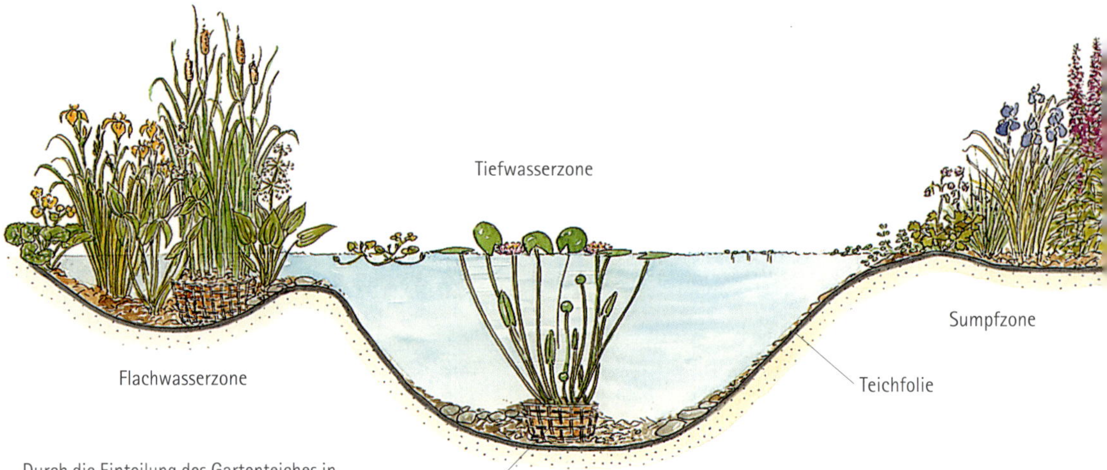

Durch die Einteilung des Gartenteiches in Tiefwasser-, Flachwasser- und Sumpfzone können wir den Pflanzen die zu ihrem Gedeihen optimale Wassertiefe bieten. Ein kleiner Wulst schützt die Pflanzerde vor dem Abrutschen in tiefere Bereiche. Nur bei frostsicherer Tiefe können Seerosen direkt in die Teicherde gepflanzt werden; bei flacherem Wasser werden sie in Körbe setzt.

Die **tieferen Pflanzbereiche** sollten eine spätere Wassertiefe von ca. 30 cm aufweisen, **Flachwasserzonen** ca. 10 cm Wassertiefe, die **Verlandungszonen mit Sumpfflächen** zum Teichrand hin ohne Wasserstand abschließen.

Teicherde zum tiefsten Punkt vermieden. Besonders die Flachwasser- und Sumpfzonen sollten großzügig angelegt werden, da sie für die Ansiedlung von Pflanze und Tier eine wichtige Rolle spielen. Während der Grabarbeiten kontrollieren wir mit einer Schlauchwaage rundherum immer wieder das gleichmäßige Niveau der Uferhöhe, um ein Auslaufen des fertigen Teiches zu verhindern.

Ist der Erdaushub erledigt, entfernen wir hervorstehende Steine und dickere Wurzeln, um eine Beschädigung der Folie zu vermeiden. Um ganz sicher zu gehen, wird vor dem Einbringen der Folie eingesandet. Dazu verteilt man eine 2 cm–5 cm starke Sandschicht auf der Erdoberfläche. Noch besser ist eine Lage Geotextilvlies unter der Teichfolie.

Anschließend wird die Teichfolie ausgebreitet und in ihre endgültige Position gebracht. Damit sich die Folie dem Untergrund anpassen kann, lassen wir schon einen Teil des Wassers einlaufen und ein bis zwei Tage absetzen. Anschließend werden die Pflanzstufen mit Erde verfüllt, und wir können mit der Ufergestaltung beginnen.

Große Steine wirken in Wassernähe besonders gut. Größte Vorsicht ist aber bei ihrem Einbau geboten, um die Folie nicht zu verletzen. Zur Sicherheit werden Folienabschnitte oder Geotex-Reste unterlegt.

Als letzter Arbeitsgang beim Folieneinbau werden die Kanten umgeschlagen und mit den Schnittstellen nach unten weisend im Boden eingegraben. Dies

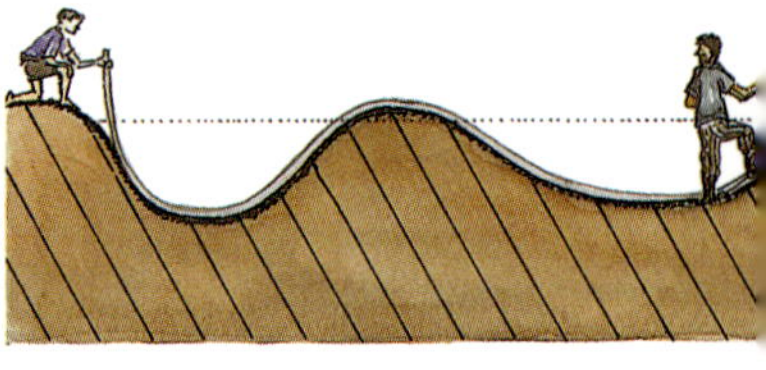

Ein einfaches und sicheres Hilfsmittel zur Höhenbestimmung des Wasserstands auch im unübersichtlichen Gelände ist eine Schlauchwaage.

bewirkt die so genannte Kapillarsperre, durch die das angrenzende (trockenere) Erdreich kein Wasser aus dem Teich absaugen kann. Dabei darf die Folie nicht gespannt werden, da sie sich sonst wieder leicht lösen kann.
Große und kleine Kieselsteine, Baumstämme und verwitterte Wurzelstöcke geben dem Uferbereich ein natürliches Aussehen und bilden ideale Unterschlupfmöglichkeiten für allerlei Tiere. Außerdem kann man damit Folienüberstände und unschöne Falten sicher verstecken. Vorsicht ist bei ihrem Einbau geboten, um die Folie nicht zu verletzen. Zur Sicherheit werden Folienabschnitte oder Geotex-Reste unterlegt.

Die Bepflanzung

Eine natürliche Bepflanzung stellt den krönenden Abschluss unserer Arbeiten dar. Bei der Pflanzenauswahl ist die Größe des Teiches ein wichtiges Kriterium. Unter günstigen Bedingungen entwickeln sich viele Teich- und Wasserpflanzen sehr kräftig und können kleine Teiche in kurzer Zeit überwuchern. Um dies zu vermeiden, ist eine kompetente Beratung nötig.
In Staudengärtnereien werden vielerlei Arten und Sorten mit oft stark unterschiedlichen Wuchseigenschaften angeboten. Bei richtiger Auswahl ermöglichen sie die Entwicklung eines pflegeleichten, naturnahen Biotops im eigenen Garten.

Seerosen für Teiche mit 10 bis 15 m^2 Größe sind: 'Rosennymphe' (hellrosa), 'Escarboucle' (rot), 'Hermine' (weiß), 'Marliacea Chromatella' (gelb).
Für kleinere Teiche und Wasserbecken sind die Zwergseerosen 'Laydekeri Lilacea' (rosa), 'Laydekeri Purpurata' (rot), *Nymphea tetragona* 'Alba' (weiß) und *Nymphea tetragona* 'Helvola' (gelb) sowie 'Froebelii' (rot) geeignet.

Schwimmblatt-, Schwimm-, und Unterwasserpflanzen

Der tiefere Wasserbereich ist der Lebensraum der Schwimmblatt-, Schwimm- und Unterwasserpflanzen. Wuchsunterschiede zeigen sich besonders bei Seerosen. Die in Mitteleuropa heimische *Nymphea alba* ist für normale Gartenteiche zu starkwüchsig. Nach wenigen Wochen überwuchern ihre Blätter die ganze Wasserfläche. Für große Teiche bzw. Schwimmteiche ist sie jedoch für Tiefen bis 1,50 m eine ideale, robuste Pflanze.
Bei genügend Substratauflage können Seerosen direkt in den Teichboden gepflanzt werden, oder in Seerosenkörbe, die man nach reichlichem Wässern in die Tiefe versenkt. Zu bedenken ist, dass das bis armdicke Rhizom der Seerosen nur bei einigen Sorten winterhart ist. Kann der Frost das Rhizom erreichen, empfiehlt sich die Pflanzung im Korb, der im Winter geborgen wird und frostfrei überwintert werden muss.

Tipp

Die kleinwüchsigeren Arten unter unseren Teichpflanzen lassen sich sehr gut zum Begrünen kleinerer Gefäße wie Fässern, alten Badewannen und Waschbecken verwenden. Sie bringen damit den besonderen Reiz der Lebensgemeinschaften im Teich auch auf Terrasse und Balkon.

Eine Mosaikjungfer macht Rast auf einer Seerosenblüte.

Das tiefere Wasser teilen sich die Seerosen mit den **Schwimmpflanzen.** Einige davon wie Wassernuss, Krebsschere, Wasserlinsen, Froschbiss, Wasserhahnenfuß, Schwimmfarn und die tropischen, nicht winterharten Arten Wasserhyazinthe und Wassersalat schwimmen, ohne festzuwurzeln, an der Wasseroberfläche. Andere bleiben ständig unter Wasser, die **Unterwasserpflanzen:** Hornkraut, Wasserpest, Armleuchteralge, kleines Laichkraut gehören dazu. Besonders interessant ist der unter Wasser lebende Wasserschlauch, der zur Nahrungsergänzung mit speziellen Fangblasen Wasserflöhe fängt. Seine leuchtend gelben Blüten stehen etwa 10 cm über der Wasserfläche.

Die Schwimmblatt- und Unterwasserpflanzen reichern das Wasser mit Sauerstoff an, beschatten es, so dass es sich nicht so stark erwärmt, und verbrauchen im Wasser gelöste Nährstoffe – wichtige Funktionen, um das Gleichgewicht im Teich und ein Überhandnehmen von Algen zu verhindern. Besonders wichtig ist dies, wenn Fische den Teich bevölkern sollen.

Der Igelkolben *Sparganium erectum* ist eine heimische Pflanze für den Teichrand.

Flachwasserpflanzen

Im flacheren Wasser wurzeln Seekanne, Wasserknöterich, Schwimmendes Laichkraut, Afrikanische Wasserähre, Goldkolben, Tausendblatt, Tannenwedel. Ihre Triebe und Blätter wandern auf der Oberfläche umher bis ins tiefere Wasser. Leider sind einige nur bedingt winterhart.

Höhere Pflanzen für den Randbereich haben häufig grasartige Blatter. Blumenbinse, Sumpfschwertlilie, Sumpfried, Igelkolben und Kalmus gehören dazu. Dreiteilige, spitze Blätter hat das Pfeilkraut, wie der Fieberklee wirkt es mit seinen weißen Blüten besonders schön. Die begehrte blaue Farbe bringen das aus Nordamerika stammende Hechtkraut *(Pondeteria)* und die Sumpfiris *(Iris laevigata)* aus Ostasien, z B. mit der Sorte Monstrosa. Auch *Iris versicolor* ist geeignet.

Die an unseren heimischen Gewässern typischen Rohrkolben, *Typha latifolia* und *T. angustifolia,* sind wegen ihrer außerordentlichen Wuchskraft nur für sehr große Teiche geeignet. Für kleinere Gewässer eignen sich dagegen schwach wachsende Arten wie *Typha laxmannii, T. minima* und *T. shuttleworthi.* Wollgras, Seggen, Binsen und Simsen vertreten die große Gruppe der Sauergräser. Auch unter ihnen gibt es stark wuchernde Arten, die man am Gartenteich vermeiden sollte.

Sumpfpflanzen

Für die Verlandungs- und Sumpfzone eignen sich zum Teil auch Pflanzen aus den Wasserzonen. Sie werden durch Sumpfdotterblume, gelb, weiß oder gefüllt blühend, Sumpf-Calla, Sumpf-Vergissmeinnicht, Brunnenkresse, Wasserminze, Kleefarn, Gauklerblume, gelb, rot oder blau blühend, den Molchschwanz aus Nordamerika, Rosenprimel, Strauß-Goldfelberich, Sumpfgladiole und die nordamerikanische, gelb blühende Scheincalla ergänzt. Das heimische Pfennigkraut überzieht freie Flächen sehr schnell mit seinem Blätterteppich, unterbrochen von vielen kleinen, gelben, sternförmigen Blüten.

Außerhalb der Teichfolie im feuchten Gartenboden fühlen sich wohl: Schneefelberich, Schildblatt, die heimische Kuckucks-Lichtnelke, Wasserdost, Bachnelkenwurz, Schach-

Feuchtigkeitsliebende Etagenprimeln fühlen sich am Bachlauf wohl.

brettblume, Mädesüß, Blutauge, Wiesenschaumkraut, die großwüchsigen Kreuzkraut-Arten *Ligularia dentata, L. przewalskii* und *L. veitchiana* und viele mehr. Eine artenreiche, harmonisch in die Umgebung eingefügte Bepflanzung lockt eine Vielzahl von Insekten, Amphibien und andere Kleintieren an unseren Gartenteich. Bei entsprechender Umgebung stellt sie sich rasch von selbst ein. Keinesfalls darf man jedoch Amphibien natürlichen Standorten entnehmen, sie stehen unter Naturschutz. Fische sind nur für größere Teiche geeignet, da sie meist sehr aktiv sind, ihnen Insektenlarven und Froschlaich als Nahrung dienen und sie durch ihre Ausscheidungen zur Nährstoffanreicherung beitragen.

Exotische Pflanzen am Teich

Auf manche Pflanzenfreunde üben tropische Wasserpflanzen wie der echte Papyrus aus Nordafrika, blaublühende Seerosen aus Afrika und die Lotosblume aus dem tropischen Asien einen besonderen Reiz aus. Mit ihren bis zu einem Quadratmeter großen Blättern sind die südamerikanischen Arten Victoria amazonica und V. cruziana besonders auffällig. Zum sicheren Gedeihen dieser Arten ist aber ein beheizbares Becken und der (zumindest winterliche) Schutz eines Gewächshauses notwendig; sie werden deshalb für viele wohl nur ein Traum bleiben. In milden Regionen kann die Ansiedlung der Lotosblume *(Nelumbo nucifera)* durchaus erfolgreich sein. Sie will in flachem Wasser stehen und mit Laub vor Frost geschützt werden.

Die gelbe Sumpfschwertlilie *Iris pseudacorus* ist für den größeren Gartenteich gut geeignet. Mit einer Höhe von ca. 1 m passt sie zusammen mit der Blumenbinse und dem Pfeilkraut gut in den Teichhintergrund.

Arbeiten im Juni

Der arbeitsreiche Mai ist überstanden, und wir können uns schon mal Zeit nehmen, um unseren Garten zu genießen. Die ersten warmen Nächte laden zu Grill- und Gartenfesten ein. Aber auch das Juniwetter hat seine Tücken. In manchen Gegenden bringt die so genannte Schafskälte Anfang Juni noch Gefahr für kälteempfindliche Pflanzen.

Laue Sommernächte laden zu vergnüglichen Gartenfesten ein.

Ziergarten

Rosen pflegen

Der Juni ist der Monat der Rosen. Ihr erster Flor ist ab Monatsmitte in voller Pracht. Regelmäßiges Entfernen der verblühten Blüten sorgt für lang anhaltende Freude. Sind die Blütenstände komplett abgeblüht, entfernen wir sie mit der Schere 2–3 Laubblätter unterhalb der Blütenverzweigung über einem eventuell schon vorhandenen Nebentrieb. Stark treibende Sorten etwas tiefer schneiden.

Sommerschnitt

Dieser sommerliche Rückschnitt sorgt für eine gleich bleibende Höhe der gesamten Rosenpflanze. Unterbleibt er, baut sich die Rose durch den dominanten Austrieb des dem Blütenstand folgenden Auges immer höher auf und bildet zu viele Neutriebe, die sich nur schwach entwickeln können. Eine zunehmende Blühfaulheit ist die Folge. Durch den tiefen Rückschnitt nach dem Abblühen des ganzen Blütenstandes baut sich die Rose dagegen von unten mit wenigen, kräftig entwickelten Trieben neu auf, behält damit ihre sortenspezifische Höhe und verfügt über genügend blühwilliges Jungholz.

Rosen mulchen und düngen

Vor der zunehmenden Bodenerwärmung durch die sommerliche Hitze schützen wir die Rosen durch eine Mulchschicht aus Grasschnitt. Die fällige Düngung der Rosen bringen wir bereits vor dem Mulchen aus. Nach dem Abblühen des ersten Blütenflors ist jetzt die richtige Zeit für die zweite und damit letzte Düngung der Rosen. Da auch Rasenschnitt oder Mist Nährstoffe enthalten, müssen wir die Düngergaben entsprechend reduzieren. Je nach Art und Stärke der Mulchschicht kann die auf der Düngerverpackung empfohlene Aufwandsmenge bis auf die Hälfte reduziert werden.

Im Handel sind sowohl mineralische als auch organische Rosen-

Regnerisches Wetter und feuchte Luft begünstigen den Sternrußtau.

dünger erhältlich, deren Nährstoffverhältnisse auf die Bedürfnisse der Rosen abgestimmt sind. Wird das Rosenbeet mit Rindenmulch abgedeckt, sollte auf keinen Fall Rohrinde aus dem Wald oder dem Sägewerk verwendet werden. Sie enthält Harze und Gerbstoffe, die im Lauf der Zeit zu Pflanzenschäden führen können. Bei der Verwendung abgelagerter Rinde muss man der üblichen Düngung einen durch die Rinde bedingten erhöhten Stickstoffbedarf zurechnen. Dieser kann durch Hornmehl gedeckt werden. 50 g/Jahr, auf 2–3 Gaben verteilt, genügen.

Schutz vor Pilzkrankheiten und Schädlingen

Bereits jetzt müssen wir gegen verschiedene Pilzkrankheiten unserer Rosen vorbeugen. Mehltau und Sternrußtau können sich mit zunehmender Erwärmung ausbreiten und lassen sich durch regelmäßige Spritzungen mit Neudovital eindämmen.
Blattläuse entwickeln sich während der ersten warmen Tage oft explosionsartig. Neudosan wirkt zuverlässig und ermöglicht Blattlausvertilgern wie Marienkäfern, Florfliegenlarven und Schlupfwespen ihre Arbeit.

Stauden zurückschneiden

Einige Stauden, wie **Rittersporn, Feinstrahlaster, Lupinen** und **Sommersalbei** werden sofort nach der Blüte bis knapp über dem Boden abgeschnitten. Dies führt zu einem starken Durchtrieb und einer erneuten (zweiten) Blüte im Spätsommer. Bei anderen Stauden schneiden wir – wie bei den Rosen nur einzelne abgeblühte Blüten bzw. Blütenstände zurück.

Balkon- und Kübelpflanzen pflegen

Auch unsere Balkonblumen und Kübelpflanzen benötigen behutsamen Rückschnitt der verblühten Pflanzenteile, um einen möglichst langen Flor zu erhalten. Falls wir nicht bereits zur Pflanzung mit einem Langzeitdünger gedüngt haben, setzen wir nun zu jedem Gießgang einen Flüssigdünger als 1 ‰–2 ‰ (1 ‰=1 g/ml) l Wasser Lösung ein. Bei trüber Witterung können wir damit auch die Blätter überbrausen.

Hecken schneiden

Nach Ende der Vogelbrutzeit dürfen wieder Hecken geschnitten werden. Der genaue Zeitpunkt ist auf Länderebene geregelt. Genaue Auskunft erteilen die Gemeindeämter. Das beim Heckenschnitt anfallende Grüngut eignet sich auch als lockeres Mulchmaterial oder als luftige Zwischenschicht für den Komposthaufen.

Rasen neu anlegen

Vor der einsetzenden Sommerhitze ist immer noch Zeit für eine Rasenneuanlage. Bei der Rasenpflege fällt genügend Schnittgut an, um alle offenen Bodenflächen mit einer schützenden Mulchschicht abzudecken.

Zwiebelblumen einziehen lassen

Die Blätter der abgeblühten Blumenzwiebeln sind nun eingezogen und lassen sich ohne weiteres abziehen. Die Zwiebeln selbst können im Boden verbleiben. Hat man für den Herbst eine Veränderung im Staudenbeet geplant, werden die Blumenzwiebeln jetzt mit einem Etikett oder Bambusstab markiert, um auch nach dem Einziehen die Pflanzstelle zu kennzeichnen. Werden sie sofort

Verblühte Blüten zu entfernen, ist eine wichtige Pflegearbeit.

gerodet, müssen die Zwiebeln an einem normal temperierten, dunklen Lagerplatz ausreifen. Bereits jetzt befindet sich die Blütenknospe für das kommende Jahr in der Zwiebel.
Zur Blütenbildung ist eine Mindestgröße der Zwiebel notwendig, die je nach Pflanzenart verschieden ist. Wir können aber davon ausgehen, dass nur die größeren Zwiebeln Blütenanlagen enthalten. Die kleineren benötigen noch ein bis zwei Jahre, um heranzuwachsen und zu reifen. Wir können sie deshalb im Herbst auch abseits pflanzen und ihre Entwicklung im folgenden Frühjahr mit einer schwachen Düngergabe unterstützen.

Ist Platz im Garten, darf der Rhabarber seinen stattlichen Blütenstand entwickeln.

Gemüsegarten

Gemüse nachpflanzen

Zur Neupflanzung von Gemüse wählen wir uns trübes Wetter. Mit einer Vliesauflage nach der Pflanzung schützen wir die zarten Pflänzchen vor zu großer Hitze. Nach ein bis höchstens zwei Wochen entfernen wir an einem trüben Tag den Vliesschutz. Die neu bepflanzten Beete werden mit Rasenschnitt gemulcht. Damit schränken wir den Wasserverbrauch ein und ersparen uns die Unkrautbekämpfung.

Pflege von Tomaten, Melonen und Gurken

Verschiedene Gemüsearten benötigen regelmäßige Pflege: **Tomaten** werden ausgegeizt. Dabei entfernen wir sämtliche Seitentriebe, durch seitliches Abknicken aus der Blattachsel.
Bei **Gewächshaustomaten** sichert gelegentliches Schütteln der ganzen Pflanze in der Mittagszeit eine Bestäubung und die damit verbundene Fruchtbildung.
Nach dem Anwachsen entspitzen wir den Haupttrieb bei **Melonenpflanzen**, da sie nur an den Seitentrieben ausreichend fruchten.
Bei den veredelten, rein weiblichen **Gewächshausgurken** schneiden wir die sich entwickelnden Seitentriebe nach dem ersten Blatt ab, um den übermäßigen Fruchtansatz einzuschränken. Vergilben bereits die kleinen, 2–3 cm großen Früchte, ist dies ein sicheres Zeichen eines Fruchtüberhangs. Dann belassen wir nur 4–5 Früchte am Haupttrieb. Auch die rechtzeitige Ernte sichert weiteren Erfolg. Da Gurken zu 98 % Wasser enthalten, benötigen sie oft hohe Wassergaben.

Spargel und Rhabarber nach der Ernte

Gegen Ende des Monats läuft die Ernte von **Spargel** und **Rhabarber** aus. Damit sich die Pflanzen bis zum Herbst kräftig entwickeln können, düngen wir und wässern kräftig. Hat der Rhabarber genügend Platz zur Verfügung, darf er seinen prächtigen Blütenstand entwickeln, der durchaus eine Höhe von 2 m erreichen kann.

Herbstgemüse aussäen

Für den weiteren satzweisen Anbau von Gemüsearten mit kurzer Kulturzeit säen wir erneut aus. Durch den Wechsel auf Sommer- und Spätsommersorten tragen wir dem heißen Sommerwetter Rechnung. Auch für die ersten **Herbstgemüse** wie **Zuckerhut**, **Endivien** und **Radicchio** ist jetzt die richtige Aussaatzeit. Mit der Aussaat von **Chinakohl** und **Pak Choi** warten wir bis Mitte Juli, da sie durch die große Hitze schießen, d. h. keinen Kopf bilden, sondern blühen würden.

Herbstgemüse sind meist sehr hitzeempfindlich. Sie sollten unter Schatten vorkultiviert werden.

Auf Schädlinge achten

Die langsam einkehrende Sommerruhe lässt uns genügend Zeit, um unsere Pflanzen ausgiebig auf Schädlinge zu kontrollieren. Mit zunehmenden Temperaturen nisten sich schnell Weiße Fliege, Blattläuse, Spinnmilben und Mehltau ein.

Dabei achten wir besonders auf einen eventuellen beginnenden Befall mit **Weißer Fliege**, einer etwa 2 mm großen, fliegenähnlichen Verwandten der Schildläuse. Daher auch die exakte Bezeichnung »Mottenschildlaus«. Sehen wir die ersten Tiere unter den Blättern sitzen bzw. auffliegen, ist eine sofortige Bekämpfung dringend notwendig, da sie sich besonders bei warmer Witterung explosionsartig vermehren.

Bei der Bekämpfung mit einem Behandlungsmittel sind Spritzungen im Abstand von 3–5 Tagen notwendig, um die frisch ausgeschlüpften Tiere zu erwischen und eine erneute Eiablage zu vermeiden. Sorgfältiges Arbeiten und reichliches Benetzen der Pflanzen ist wichtig.

Wird der Befall in seinem Anfangsstadium rechtzeitig entdeckt, hat sich der Einsatz des **Nützlings** *Encarsia formosa*, einer kleinen Schlupfwespenart, bereits tausendfach bewährt.

Auch nach dem Ausbringen der Nützlinge ist eine ständige Kontrolle ratsam, um die Wirkung der Nützlinge festzustellen.

Eine gute Methode, die im Gewächshaus vorhandenen Insekten, ob Schädling oder Nützling, zu entdecken, ist das Aufhängen von **Gelbtafeln.** Diese Farbe zieht besonders die Weiße Fliege geradezu magnetisch an, so dass auch ein Befall leicht aufzuspüren ist. Als alleinige Bekämpfungsmethode ist ihre Wirkung dagegen nicht ausreichend.

Gelbe Klebetafeln locken Insekten an. Zur Bekämpfung von Schädlingen ist ihre Wirkung nicht ausreichend, doch können die Schädlinge dadurch frühzeitig entdeckt werden.

Obstgarten

Steht uns genügend Rasenschnitt zur Verfügung, so können wir regelmäßig auf Baumscheiben und zwischen den Beerensträuchern mulchen. Während der Fruchtentwicklung der Beerensträucher ist ausreichendes Wässern wichtig.

Sommerschnitt beim Kernobst

Bei Kernobst entfernen wir durch den Sommerschnitt gegen Ende des Monats übermäßigen Fruchtansatz, um Fruchtfall zu verhindern. Sich bildende Wassertriebe werden entfernt; am besten reißen wir sie mit einem kräftigen Ruck ab, um auch die

An einem Drathspalier können Obstbäume frei im Garten stehend wie eine grüne Wand gezogen werden.

schlafenden Augen zu entfernen. Da Spaliergehölze nur wenig Zuwachs machen sollen, entfernen wir bereits jetzt die Triebspitzen der nach oben wachsenden Neutriebe auf 3–5 Blätter. Dadurch steigern wir die Fruchtholzbildung für das Folgejahr.

Da die im April durchgeführten Veredlungen unter normalen Umständen jetzt angewachsen sind, öffnen wir mit einem vorsichtigen Schnitt die Bastbandagen. Gleichzeitig entfernen wir auf ca. 30 cm unterhalb der Veredlungsstelle die Triebe der Unterlage, um eine gute Entwicklung der Edelreiser zu garantieren.

Beerenobst pflegen

Bei Regenwetter entwickelt sich beim Beerenobst der **Grauschimmelpilz** *(Botrytis)* sehr schnell. Eine einfache Gegenmaßnahme ist das rechtzeitige Ausdünnen der Himbeeren auf acht bis zehn Ruten pro laufenden Meter. Bei Erdbeeren schützt eine Mulchschicht aus Grasschnitt oder Stroh die empfindlichen Früchte vor Schmutz und zu starker Grauschimmelbelastung.

Um den Ertrag bei Erdbeeren zu steigern, entfernen wir frühzeitig die Kindel. Bei gut tragenden Pflanzen lassen wir sie zur Weitervermehrung stehen.

Weinreben fühlen sich an warmen Hauswänden besonders wohl. Jetzt ist Zeit für den Sommerschnitt, bei dem die fruchttragenden Triebe eingekürzt werden. 'Blauer-' und 'Weißer Gutedel' sind auch in rauen Lagen gut gedeihende Sorten.

Weinreben ausschneiden

Auch bei Weinreben ist Zeit für den Sommerschnitt. Dabei schneiden wir alle Triebe ohne Fruchtansatz über dem 3–4 Blatt ab. Die fruchttragenden Triebe kürzen wir auf 2–3 Blätter nach den Trauben ein. Die kleinen, sich in den Blattachseln bildenden Geiztriebe brechen wir über dem ersten Blatt durch einen seitlichen Knick aus.

Obstbäume schützen

Besonders an jungen Bäumen, vor allem Kirschen, achten wir regelmäßig auf Blattlausbefall. Eine frühzeitige Spritzung mit Neudosan ist gut wirksam und schont Nützlinge. Da Neudosan wie die anderen, sanften Mittel nur über Kontaktwirkung verfügt, müssen die zu bekämpfenden Schädlinge ausreichend getroffen werden. Wir achten beim Spritzen auf eine ausreichende Benetzung, indem wir die befallenen Pflanzenteile – besonders die Blattunterseiten – tropfnass spritzen.

Wie bei allen Pflanzenschutzmaßnahmen spritzen wir auch die jungen Obstbäume bei trübem Wetter oder am frühen Abend. **Blattlausbefall** an großen Obstbäumen kann in der Regel toleriert werden. Bei normalem Befall sind die Bäume nicht gefährdet, und die zahlreichen Nützlinge erledigen für uns die Arbeit.

Juli

Gesunde Pflanzen

Die Larven des Siebenpunkt-Marienkäfers sind gefräßige Nützlinge. Sie können pro Tag bis zu 150 Blattläuse verzehren.

Die Gesunderhaltung unserer Nutzpflanzen ist allen Gärtnern ein wichtiges Anliegen. Ständig besteht die Gefahr, dass Schädlinge und Krankheiten schwache und anderweitig geschädigte Pflanzen befallen. Will man gegen diese vorgehen, ist es wichtig, sie rechtzeitig zu erkennen und richtig zu diagnostizieren. Viele Krankheiten und Schädlinge haben ihre Ursache in falscher Pflege und Ernährung, so dass die dadurch geschwächten Pflanzen anfälliger werden.

Naturgemäßes Gärtnern hilft, diese Probleme zu vermeiden. Dazu gehören vor allem

- die optimale Nährstoffversorgung und Bodenpflege nach Bodenuntersuchung und die optimale Standortwahl.
- die Beachtung wichtiger Kulturdaten für die einzelnen Pflanzenarten, wie
- richtiger Vermehrungs- und Pflanzzeitraum,
- ausreichender Pflanzabstand,
- die Wahl widerstandsfähiger Sorten,
- eine ausreichende Wasserversorgung,
- beim Obst und Gemüse nicht zuletzt eine weit gespannte Fruchtfolge. Die Kombination einzelner Gemüsearten miteinander in der Mischkultur kann den Befall durch Schädlinge verhindern.

All diese vorbeugenden Maßnahmen sind Bestandteil einer gelungenen Anbauplanung, die mit den gesammelten Erfahrungen von Jahr zu Jahr perfektioniert werden kann. Für einen guten Gärtner ist es selbstverständlich, die Pflanzen und die Vorgänge im Garten aufmerksam zu beobachten. Mit etwas Erfahrung erkennt er dann frühzeitig Schädlinge und Krankheiten. Erleichtert wird die Suche nach Pflanzenkrankheiten, wenn man genau weiß, wann und wo man gezielt kontrollieren muss.

Blattläuse

Insekten schädigen entweder durch Saugen oder Beißen. Saugende Insekten wie z. B. Blattläuse finden wir bei Befallsbeginn immer an den Blattunterseiten, da dort die zuckersafthaltigen Blattadern verlaufen. Die Kontrolle der Blattunterseiten ist deshalb unerlässlich. Die Entwicklung der meisten Schädlinge ist stark temperaturabhängig. Bei der eng mit den Blattläusen verwandten 'Weißen Fliege' dauert sie bei 15 °C ca. elf Wochen, bei 30 °C nur noch drei Wochen. Das erklärt die oft explosionsartige Vermehrung bei plötzlichen Wärmephasen.

Sicheres Zeichen für einen Schädlingsbefall ist ein rußähnlicher Überzug auf Blättern und Früchten. Dabei handelt es sich um einen Rußtaupilz, der ausschließlich von den zuckerhaltigen Ausscheidungen verschiedener Blatt-, Schild-, Wollläusen und der Weißen Fliege lebt. Nach ausgiebiger Wäsche können die Früchte zwar problemlos verzehrt werden, aber für den Gärtner bedeutet der schwarze Belag höchste Alarmstufe und sofortige Bekämpfung der Verursacher. Dann ist es in der Regel auch zu spät, um mit sanften Mitteln oder Nützlingseinsatz noch einen Erfolg zu erzielen.

Erschwert wird eine Bekämpfung vieler Schädlinge, da nur einzelne Larvenstadien und das Vollinsekt gegen Spritzmittel empfindlich sind, vor allem wenn wir auf 'Harte Chemie' verzichten wollen. Um es nicht so weit kommen zu lassen, ist ständige Kontrolle wichtig.

Nützlinge fördern

Die Förderung von Nützlingen im Garten ist zur Gesunderhaltung unserer Pflanzen ein wesentlicher Faktor. Unsere gärtnerischen Bekämpfungsmaßnahmen sollten sich auf die Unterstützung der natürlichen Helfer beschränken. Die Schaffung optimaler Lebensräume gehören dazu, etwa einen Reisighaufen für den Igel, einen Steinhaufen für Eidechsen oder Nistkästen für insektenfressende Vögel. Im Garten und im Gewächshaus ist die vollständige Vernichtung aller Schädlinge eine Illusion. Auch beim Einsatz giftiger Pflanzenbehandlungsmittel überleben genügend Tiere, um nach einigen Tagen zu einer neuen Gefahr für unsere Kulturpflanzen zu werden. Ziel all unserer Bemühungen muss deshalb die Schaffung eines Gleichgewichts zwischen Nützlingen und Schädlingen auf einem für die Pflanzen gut verträglichen Niveau sein.

Viele Singvögel, unter anderem auch Rotkehlchen, ernähren ihre Jungen ausschließlich mit Insekten.

Heimische Nützlinge

Werden Schädlinge, z. B. Blattläuse, bereits bei Befallsbeginn festgestellt, gilt es zu überlegen, ob eine Massenentwicklung mit einem Pflanzenschutzmittel sofort unterbunden werden muss oder ob Nützlinge die Schädlinge unter Kontrolle halten können. Häufig ist es in diesem Befallsstadium ratsam, mit einem sanften Pflanzenbehandlungsmittel auf Seifenbasis, wie Neudosan, die Massenentwicklung so lange zu verzögern, bis sich eine ausreichende Zahl von heimischen Nützlingen entwickeln kann, um für das Gleichgewicht zwischen Nützlingen und Schädlingen zu sorgen. Mit unseren heimischen Blattlausvertilgern Florfliege, Schwebfliege, Marienkäfer, Gallmücke, Blattlausschlupfwespe und vielen anderen steht eine ganze Armee zu unserer Unterstützung bereit. Wir müssen nur mit einem wachsamen Auge und etwas Geduld ihre Hilfe abwarten.

Käufliche Nützlinge

Besonders im Gewächshaus und im Wintergarten ist der Einsatz von käuflichen Nützlingen überlegenswert. Dort herrschen relativ konstante und geschützte Klimabedingungen, die Voraussetzung für das Gelingen einer Ansiedlung verschiedener Nützlinge sind. Auch im Erwerbsgartenbau werden vielfach Nützlinge gegen Schädlinge eingesetzt. Besonders bewährt hat sich der Einsatz der Raubmilben Phyloseiulus gegen die Roten Spinnmilben an Gewächshausgurken und die Schlupfwespe *Encarsia* gegen die Weiße Fliege an Gewächshaustomaten. Gegen Thripse an Gurken hat sich der Einsatz der Raubwanze *Orius* bewährt.

In Wintergärten treten an hartlaubigen Pflanzen sehr häufig Wollläuse als äußerst lästige Schädlinge auf. Ihre chemische Bekämpfung ist schwierig. Der Einsatz des Australischen Marienkäfers ist bei hartnäckigem Befall ein sicheres Mittel ihre Zahl deutlich zu dezimieren. Als Spritzmittel kann Paraffinöl ohne insektizide Zusätze eingesetzt werden. Vorsichtige, umweltbewusste Obstbauer können diese Mittel zur Winterspritzung der Obstbäume verwenden.

Spritzmittel auf Basis von *Bacillus thuringiensis* wirken zuverlässig gegen Kohlweißlingraupen, Kartoffelkäfer und Stechmücken aus dem Gartenteich. Mittel auf Rapsölbasis zeigen eine gute Wirkung gegen Blattläuse, können aber auch Blattschäden verursachen. Aufgehängte Gelbtafeln und Duftstofffallen werden als biotechnische Bekämpfungsmittel bezeichnet und sind ideale Helfer im Gewächshaus und im Obstbau. Spezielle Gemüsefliegennetze halten schmarotzende Fliegenlarven von Rettich, Kohl, Lauch, Zwiebel und anderem Gemüse fern. Schneckenzäune können bestimmte Bereiche vor Schnecken schützen – vorausgesetzt, sie sind richtig angebracht. Das neu entwickelte Schneckenkorn Ferramol hat eine ungiftige Eisenverbindung als Wirkstoff.

Pilzkrankheiten

Bei der Bekämpfung von Pilzkrankheiten ist der vorbeugende Einsatz von Pflanzenschutzmitteln zu empfehlen. Den Vorzug geben wir den so genannten Pflanzenstärkungsmitteln, die bei regelmäßiger Anwendung den meisten Pilzkrankheiten entgegen wirken. Zeigen sich an den Pflanzen Symptome von Pilzerkrankungen, ist die Infektion meist schon sehr weit fortgeschritten und eine Bekämpfung schwierig. Wie bei der Schädlingsbekämpfung steht auch hier eine breite Palette sanfter Behandlungsmittel zur Verfügung. Gegen den Echten Mehltau an Zierpflanzen, Rosen und Gurken wirken Netzschwefel oder Mehltaumittel auf Lecithinbasis.

Ein breites Wirkungsspektrum haben Kupferspritzmittel mit dem Wirkstoff Kupferoxychlorid. Sie sind gegen Blattfleckenkrankheiten, Falschen Mehltau, Schorf, Schrotschusskrankheit, Kräuselkrankheit und vor allem Krautfäule an Tomaten und Kartoffeln wirksam.

Ein bewährtes Pflanzenstärkungsmittel ist Neudo-Vital mit guter Wirkung gegen verschiedene Pilzkrankheiten.

Mäuse fängt man am besten mit Fallen, aber nicht mit Speck, sondern mit Schokoladencreme. Gegen Wühlmäuse wirken Spezialfallen mit Karotten als Köder; dabei darf man die Falle nicht mit bloßen Händen berühren, da Wühlmäuse eine überaus empfindliche Nase haben.

Stärkungsmittel

Neben den käuflichen Pflanzenschutzmitteln kann man auch selbst Mittel herstellen: etwa Ackerschachtelhalm-Brühe gegen Pilzkrankheiten, Brennnessel-Kaltwasserauszug gegen Blattläuse, Rainfarn-Brühe gegen verschiedene Schadinsekten, Magermilchmolke und Wasserglas gegen verschiedene Pilzkrank-

Der Echte Mehltau, ein Schadpilz, der sich in der Sommerhitze entwickelt.

Mit verschiedenen Pflanzen aus dem Garten lassen sich unterschiedliche Jauchen und Kaltwasserauszüge ansetzen. Dabei sind die empfohlenen Standzeiten zu beachten.

heiten. Weit verbreitet ist die Schmierseifen-Brühe gegen Blattläuse und Schmetterlingsraupen; sie wird hergestellt aus 300 g Schmierseife, 500 ml Spiritus, 1 EL Kalk und 1 EL Salz in 10 l lauwarmem Wasser gelöst.

Unkraut bekämpfen

Ein eigenständiges Thema des Pflanzenschutzes ist die Unkrautbekämpfung. Unkräuter gibt es nur sehr wenige, meist sind es einfach nur Pflanzen am falschen Platz. Besonders im Jugendstadium lassen sich Kräuter problemlos jäten oder hacken. Die Pflanzen dürfen aber nicht abgerissen werden, sondern man muss sie unbedingt mit der Wurzel entfernen. In den letzten Jahren wurden Abflammgeräte entwickelt, bei deren Anwendung die Kräuter sofort welken und absterben; aber auch die Nutzpflanzen sind durch die Hitze gefährdet. Problemunkräuter, die mechanisch nicht ausreichend bekämpfbar sind, sind Wurzelunkräuter, wie Quecke, Kratzdistel, Ackerwinde, Giersch und Schachtelhalm; diese rechtfertigen den Einsatz chemischer Unkrautmittel mit dem Wirkstoff Glyphosat auch im Kleingarten.

Grundregeln für den Pflanzenschutz

Bei allen Spritzungen mit Pflanzenschutzmitteln sind einige Grundregeln zu beachten.

- Auch sanfte Mittel können Augen und Haut reizen.
- Bei harter Chemie ist Schutzkleidung einschließlich Atemschutz obligatorisch.
- Die Anwendung sollte am Abend oder frühen Morgen erfolgen, und nicht bei starker Sonnenstrahlung und hohen Temperaturen, um Verätzungen der Pflanzen zu vermeiden.
- Alle vorgestellten Mittel sind ausschließlich Kontaktmittel, d. h. sie müssen die Schädlinge auch treffen bzw. die gesamte Pflanze mit einem Schutzfilm überziehen.
- Die Zugabe einiger Tropfen Spülmittel reduziert die Oberflächenspannung des Wassers und sorgt für eine gute Verteilung der Spritzlösung.
- Nach der Spritzung darf es mehrere Stunden nicht regnen, um ein Abwaschen durch Regen zu vermeiden.

Die Anwendungshinweise einzuhalten, ist selbstverständlich; niemals eigenmächtig die Konzentrationen erhöhen, Pflanzenschäden sind die Folge.

Anwendungen von Pflanzenbehandlungsmitteln sind eine Belastung für Umnwelt und Pflanze; daher sollten wir auf das allernötigste reduzieren. Bei Fragen erhält man bei Pflanzenschutzämtern, Kreisfachberatern und Gärtnern kompetente Auskünfte und Hilfen.

Ein Garten nicht nur für Pflanzen

Was wären unsere Gärten ohne Schmetterlinge, schillernde Käfer, summende Bienen und brummende Hummeln? Für viele Gärtner beginnt der Sommer erst, wenn Schwalbenschwanz, Tagpfauenauge und Admiral herum flattern. In unseren Gärten können wir viel durch entsprechende Futterpflanzen für Raupen und Falter beitragen, um gefährdeten Insekten eine Heimat zu bieten.

Schmetterlinge und andere Kleintiere benötigen zu ihrer Entwicklung verschiedene Lebensräume und Futterpflanzen. Während heimische Schmetterlingsraupen ausschließlich an heimischen Pflanzen fressen, können wir den erwachsenen Faltern auch andere Schmetterlingspflanzen wie Wandelröschen und Sommerflieder zum Nektarsaugen anbieten.
Neben Brennnessel, Möhren, Kratzdistel, Gänsekresse, Labkraut, Weidenröschen sind viele andere in unseren Gärten leider weniger gerne gesehene Pflanzen wichtige Nährpflanzen für verschiedene Schmetterlingsraupen. Hat der Garten eine ausreichende Größe, findet sich sicherlich genügend Fläche für einige Raupenfutterpflanzen.
Für Schmetterlinge gibt es eine große Zahl Saugpflanzen im Sommerblumen- und Staudensortiment. Tagetes, Astern, Dahlien, Bartnelken, Kornblumen, Minzenarten, Roter Sonnenhut, Sommerflieder, Spornblume, Fetthenne, Kugeldistel, Geißblatt, Tabak, Staudenphlox, Petunien sind nur einige davon. Einfach blühende Pflanzen sollte man den gefüllten vorziehen, da diese auch Blütenstaub bilden. Sommerblühende Arten sind besonders wichtig, da unsere Natur zusehends daran verarmt.
Verschiedene Nisthilfen können wir Wildbienen und Hummeln anbieten. liegen gelassenes Totholz, Bündel aus Stroh und Schilfrohr, gebohrte Hartholzblöcke und ähnliches werden dankbar angenommen.
Hummeln sind die Bestäuber von Eisenhut, Fingerhut, Gelber Schwertlilie, wilder Gladiole und vielen anderen Rachenblumen. Die äußerst nützlichen Laufkäfer sind nachtaktiv und ziehen sich tagsüber gerne unter Steine zurück. Der goldglänzende Rosenkäfer, das Insekt des Jahres 2000, ernährt sich von Pollen verschiedener Stauden und Gehölze.
Gärtner, die all diese lebhaften Zeitgenossen in ihren Gärten begrüßen und auf Dauer ansiedeln können, leisten einen wesentlichen Beitrag zur Erhaltung vieler bedrohter und gefährdeter Tierarten, deren natürliche Lebensräume immer stärker gefährdet sind. So wird vermeintlicher Wildwuchs zu einem Paradies aus zweiter Hand.

Ein selbst gebautes Insektenhaus bietet vielen Arten Platz zur Eiablage.

Gastfreundschaft für kleine Gartenhelfer

Das harmonische Zusammenleben zwischen Mensch, Tier und Pflanze sollte das Ziel des »Biologischen Gärtnerns« sein. Neben der Pflege von Blumen und Pflanzen gehört das Schaffen und Erhalten eines vielfältigen Lebensraumes zu den Aufgaben des Gärtners.

- Brennnessel und Kratzdistel sind wichtige Pflanzen für Insekten und Vögel, »stören« jedoch im Garten.
- So genannte Vogelnährgehölze, wie Holunder, Schneeball. Wildrosen, Heckenkirschen und Vogelbeeren sind ein natürliches Nist- und Futterangebot nicht nur für unsere heimischen Singvögel.
- Fallobst ist eine wichtige Nahrungsquelle für viele Insekten und andere Kleintiere.
- Falllaub, Laub- und Reisighaufen bieten Überwinterungsmöglichkeiten für Igel, Blindschleichen und Kröten.
- Durchlässige Zäune erlauben das Zuwandern verschiedener Tiere.
- Eine Ecke im Garten mit abgestorbenem Totholz wird von Holzwespen und Bockkäfern bewohnt.
- Begrünte Wände und Dächer sind Nist- und Futterangebot für Vögel.
- Wenn man sich im Sommer über diese Gartenhelfer freut, ist es im Herbst wichtig, Überwinterungsräume zu schaffen.

Arbeiten im Juli

Die herrlichen Blütenfarben des Staudenphlox zeigen uns den Hochsommer an. Mit etwas Glück können wir nun auch Leuchtkäfer in den lauen Sommernächten schwärmen sehen. Die Sommerhitze dämpft oft unseren Arbeitseifer, und mancher Gärtner wird zum Frühaufsteher, um bei noch angenehmen Temperaturen die nötige Arbeit zu erledigen.

Ziergarten

Stauden pflegen

Wie bereits im Vormonat führen wir die Pflegearbeiten an unseren Stauden und Blumen weiter. **Hoch wachsende Stauden** und **Dahlien** stützen wir gegen Umknicken mit Stäben und Schnüren ab.

Anfallender Rasenschnitt wird weiterhin auf alle offenen Beete oder frühere Mulchschichten verteilt. Stauden- und Sommerblumenbeete werden gedüngt, um sie bis zum Herbst ausreichend mit Nährstoffen zu versorgen.

Rosen pflegen

Falls noch nicht geschehen, werden die Rosen ein zweites Mal gedüngt, um ausreichend Nährstoffe für einen kräftigen Zweitflor zu erhalten.

Wie bei allen anderen Blütenpflanzen entfernen wir auch bei den Rosen alles Abgeblühte zügig, um ein Weiterblühen zu sichern.

Schutz gegen Krankheiten

Die vorbeugenden Spritzungen der **Rosen** gegen **Mehltau** und **Sternrußtau** mit Netzschwefel gegen Mehltau und Kupferspritzmittel gegen Sternrußtau setzen wir fort. Besonders an ungünstigen Standorten mit wenig Luftbewegung können sich beide Krankheiten an unseren Rosen zu einer regelrechten Plage entwickeln. Da ständiges Spritzen auch bei der Anwendung sanfter Mittel umweltbelastend ist, gilt es, das Übel an der Wurzel zu packen.

ADR-Rosen

Will man auf Rosen nicht verzichten, gibt es genügend widerstandsfähigere Sorten, denen bei der Auswahl unbedingt der Vorzug zu geben ist. Hilfreich ist dabei das **ADR-Zeichen**, eine Art »Prüfplakette«, die nur an besonders gesunde und wüchsige Sorten vergeben wird.

Auch ein kritischer Gedanke zur Standortfrage ist unerlässlich. Oft gedeihen Pflanzen an einem nur wenige Meter entfernten Standort wesentlich besser und gesünder, da die Anforderungen der Pflanzen an Boden und Kleinklima dort besser erfüllt werden. Ist man sich seiner Standortentscheidung nicht sicher, empfiehlt es sich, durchaus an mehreren Plätzen im Garten zeitgleich einen Test durchzuführen. Auch bei Pflanzen von zweifelhafter Winterhärte lässt sich so oftmals unvermutet ein idealer Standort im Garten finden.

Eine gute Kombination: Sommerblumen und Rosen.

Zweijährige aussäen

Bereits Anfang des Monats können wir die zweijährigen Sommerblumen aussäen, wie *Bellis*, **Vergissmeinnicht**, **Stiefmütterchen**, **Goldlack** und **Land-** und **Bartnelken.** Stiefmütterchen sind Dunkelkeimer und werden nach der Aussaat sofort lichtdicht abgedeckt. Weniger bekannt sind die **Marien-Glockenblume** *Campanula medium*, der **Islandmohn** *Papaver nudicaule*, die **Nachtviole** *Hesperis matronalis* und der **Silberling** *Lunaria rediviva*.
Alle Aussaaten werden anfänglich gegen große Hitze schattiert. Erst nach dem zweiten Laubblatt setzen wir die Sämlinge allmählich der vollen Sonne aus.

Bei Stauden für Nachkommen sorgen

Auch verschiedene Stauden können jetzt ausgesät werden. **Schwertlilien** *(Iris)* und **Pfingstrosen** werden geteilt, zurückgeschnitten und neu aufgepflanzt. Dabei beachten wir die ideale Pflanztiefe.

Die Stecklingsvermehrung

In der sommerlichen Wärme wachsen Stecklinge von **Kübel-** und **Balkonpflanzen** zügig an und entwickeln sich schnell zu kräftigen Pflanzen. Bis zur Bewurzelung übersprühen wir sie regelmäßig mit Wasser, um die Luftfeuchtigkeit anzuheben.

Wenn wir häufiger Pflanzen über Stecklinge vermehren, ist ein kleiner Vermehrungskasten durchaus hilfreich. Je nach Bedarf kann er einen halben bis mehrere Quadratmeter groß sein. Als Baumaterial dienen uns für die Seitenwände etwa 20 mm starke Holzbretter, aus denen wir einen frühbeetkastenähnlichen Rahmen mit einer Höhe von ca. 20 cm zimmern. Zur Abdeckung eignet sich eine Stegdoppelplatte in passender Größe.
Als Bodenbelag dient scharfer Sand, der gut Feuchtigkeit aufnimmt und somit für hohe Luftfeuchtigkeit im Vermehrungskasten sorgt. Die exklusive Ausführung erhält eine Maschendrahtheizung oder Terrarienheizung, die wir auf 20–22 °C einstellen. Damit werden wir den Bewurzelungsansprüchen der meisten Pflanzen gerecht.

Sorgfältig arbeiten
Zur Bewurzelung stecken wir die mit einem scharfen Messer geschnittenen Stecklinge in Pikier- oder Aussaaterde in kleinere Kisten oder Multitopfplatten. Blüten und welke Pflanzenteile werden vor dem Stecken entfernt. Nach der Bewurzelung sorgt frühzeitiges Entspitzen für kompakte, buschige Pflanzen.
Gewächshaus- und Frühbeetscheiben schattieren wir mit Spezialgewebe oder Schattierfarbe, die wir gelegentlich in Gärtnereien kaufen können. Der intensiven Schädlingskontrolle schenken wir viel Aufmerksamkeit, um eventuellen Befall frühzeitig zu erkennen und sofort Gegenmaßnahmen ergreifen zu können.
Ebenso sorgfältig achten wir auf vorhandene Nützlinge und deren Entwicklung.

Im Sommer bilden Oleanderstecklinge sehr schnell Wurzeln.

Auch im Sommer können Geranien durch Stecklinge vermehrt werden.

Gemüsegarten

Der Bienenfreund *Phacelia* ist gleichermaßen bei Imkern, Bauern und Gärtnern geschätzt. Er ist eine ideale Gründüngungspflanze, die auch im Herbst noch ausgesät werden kann und Temperaturen bis −8 °C standhält.

Gemüse aussäen und pflanzen

Verschiedene Herbst- und Wintergemüse können wir noch aussäen. Bereits frei gewordene Beete werden mit Gründüngung eingesät oder nochmals bepflanzt.

Für die Aussaat von **Spinat, Feldsalat** und **Winterpostelein** bereiten wir die Beete vor und gießen an. Dadurch entwickeln sich die im Beet vorhandenen Samen der Unkräuter, die wir bereits im Keimblattstadium vorsichtig entfernen. Anschließend säen wir in Reihen aus – ohne große Erdbewegung, um nicht erneut keimfähige Unkrautsamen nach oben zu transportieren.

Bis Mitte des Monats können wir noch **Blumenkohl, Kohlrabi** und **Brokkoli** auspflanzen. Ab Mitte Juli ist die beste Pflanzzeit für Endivie.

Gründüngungspflanzen

Deutscher Name	Botanischer Name	Familie	Saatzeit[1])	Wirkung	Kulturzeit
Ringelblume	*Calendula officinalis*	Korbblütler	III–VIII	geringe Wirkung gegen Nematoden, Heilpflanze	4– 6 Wochen
Buchweizen	*Fagopyrum esculentum*	Knöterichgewächse	A V–VIII	Bienenweide, gut im Gemüsegarten	6– 8 Wochen
Landsberger Gemenge	Gemisch verschiedener Arten		A V–VIII	ideale »Rundum«-Gründüngung	6–12 Wochen
Gelbe und Blaue Lupine	*Lupinus luteus, L. angustifolius*	Schmetterlingsblütler	M IV–VIII	Tiefwurzler, Stickstoffsammler	12–15 Wochen
Bienenfreund	*Phacelia tanacetifolia*	Wasserblattgewächse	M III–IX	frosthart bis ca. −8 °C, Bienenweide, gut im Gemüsegarten, nicht vor Erdbeeren	5–10 Wochen
Ölrettich	*Raphanus sativus*	Kreuzblütler	M IV–IX	Tiefwurzler	6–10 Wochen
Gelber Senf	*Sinapis alba*	Kreuzblütler	M III–IX	Tiefwurzler, schnell wachsend	ca. 4 Wochen
Studentenblume	*Tagetes erecta*	Korbblütler	V–VII	gut gegen Nematoden	4– 6 Wochen
Perserklee	*Trifolium resupinatum*	Schmetterlingsblütler	A IV–VIII	Stickstoffsammler	12–15 Wochen
Erdklee	*Trifolium subterraneum*	Schmetterlingsblütler	A IV–IX	Stickstoffsammler, guter Bodendecker	8–15 Wochen

[1]) A = Anfang, M = Mitte

Tomaten gegen Krautfäule schützen

Besonders bei Regenwetter sind Tomaten anfällig gegen Kraut- und Braunfäule. Da diese Pilzkrankheit durch Sporen übertragen wird, die mit Spritzwasser vom Boden an die Blätter gelangen, bietet eine dichte Mulchschicht einen guten Schutz dagegen. Bereits befallene Blätter entfernen wir rasch und entsorgen sie im Mülleimer.

Tipp

Auch vorbeugend können wir bei Tomaten die unteren 3–4 Blätter entfernen, ein schöner Nebeneffekt besteht darin, dass die Früchte in diesem Bereich mehr Licht abbekommen und leichter zu ernten sind.

Die Behandlung mit einem Kupferspritzmittel mit einigen Tropfen Spülmittel ist schonend und bei sorgfaltiger Anwendung gut wirksam. Den unansehnlichen Belag der Früchte entfernen wir durch sorgfältiges Waschen.

Spinnmilben bei Gurken

Bei den Gurken im Gewächshaus, Frühbeet und Freiland achten wir jetzt verstärkt auf Anzeichen eines **Spinnmilbenbefalls,** der sich durch feine, gelbe, nadel-

Die Rote Spinne ist für Gewächshausgurken ein gefährlicher Schädling.

stichähnliche Punkte andeutet. Auf der Blattunterseite finden wir kleine, etwa 0,5–1 mm große, bräunlich gelbe Tiere. Bei stärkerem Befall sind die Blattunterseiten mit einem feinen Gespinst überzogen.

Eine sofortige Bekämpfung mit einem milden Spritzmittel oder der **Nützlingseinsatz** von *Phytoseiulus*-Raubmilben schützt vor einer epidemieartigen Ausbreitung, die unweigerlich zum Absterben der Pflanzen führt.

Weitere Gemüsepflege

Die länger auf den Beeten stehenden Hauptkulturgemüse wie **Kopfkohl, Sellerie,** Auberginen usw. werden entsprechend ihrem Bedarf nachgedüngt. Wie im Vormonat führen wir die Pflegemaßnahmen weiter.

Ernte von Gemüse und Kräutern

Die rechtzeitige Ernte der verschiedenen Gemüse sichert uns beste Qualität. Besonders bei den Fruchtgemüsen ist eine frühzeitige Ernte wichtig. Belassen wir die Früchte zu lange an der Pflanze, verzögern wir damit die Reife und den Ansatz nachfolgender Früchte. Bei einem Überangebot reifer Früchte ist es besser, alle auf einmal zu ernten und einzufrieren oder anderweitig zu verwenden.

Frische Kräuter, wie **Schnittlauch, Petersilie** oder **Basilikum,** die nun voll entwickelt sind, können wir küchenfertig vorbereiten und in kleinen Portionen einfrieren.

Rechtzeitiges Ernten ist wichtig. Bleiben Früchte zu lange an der Pflanze, verzögern sie die Entwicklung junger Früchte.

Obstgarten

Sommerschnitt weiterführen

Bei zu starkem Fruchtbehang können wir nochmals Früchte ausdünnen, um im Herbst eine gute Fruchtqualität zu erhalten. Den bereits begonnenen Sommerschnitt der Spaliergehölze führen wir weiter, um einen kräftigen Fruchtholzansatz im nächsten Jahr zu erzielen. Den übrigen Sommerschnitt beschränken wir auf ein vorsichtiges Entfernen der den Kronenaufbau störenden Konkurrenztriebe.
Bei großen **Süßkirschen, Sauerkirschen** und **Holunderbüschen** können wir die zu hohen Gipfeläste komplett absägen und dann am Boden bequem ohne Leiterakrobatik ernten zu können. Zu große Schnittwunden bestreichen wir mit künstlicher Rinde.

Weitere Obstbaumpflege

Besonders bei Sauerkirschen achten wir auf die **Spitzendürre** *(Monilia)*, die sich durch herabhängende, eingerollte, verdorrende Blätter zeigt. Zu ihrer Bekämpfung schneiden wir die erkrankten Triebe bis ca. 10 cm in das gesunde Holz zurück.

Bei geringen Niederschlägen müssen wir unsere Obstgehölze ausreichend mit Wasser versorgen. Dazu legen wir einen Wasserschlauch mit einer Gießbrause auf die Baumscheibe und lassen unter wenig Druck das Gießwasser für mehrere Minuten laufen.

Der Birnengitterrost

Bei Birnen kann jetzt der Birnengitterrost auftreten. Dabei handelt es sich um einen so genannten wirtswechselnden Pilz, der zu seiner Verbreitung zwei verschiedene Wirtspflanzen benötigt. Bei diesem Pilz lebt die eine Generation auf den Birnenblättern und die folgende auf dem **Sadebaum** *(Juniperus sabina)*, einer Wacholder-Art. Hat man diesen Zierwacholder in unmittelbarer Nähe zu den Birnen im eigenen oder im Nachbargarten, muss man sich wohl oder übel für einen der beiden entscheiden. Entziehen wir damit dem Pilz einen Wirt, kann er sich nicht mehr weitervermehren und verschwindet ohne Einsatz eines Mittels.
Der Birnengitterrost-Pilz ist nur schwer bekämpfbar. Vorbeugende Spritzungen mit Neudovital bereits ab Mitte Juni helfen zu große Schäden zu verhindern. Befallene Blätter werden entfernt und in der Mülltonne entsorgt.

Zu groß gewordene Sauerkirschbäume können zur bequemeren Ernte zurückgeschnitten werden.

Bei vielen anderen Krankheiten und Schädlingen, die im Obstgarten auftreten können, wägen wir den Kosten-Nutzen-, bzw. den Belastungs-Nutzen-Effekt sorgfältig ab, um nicht mit den sprichwörtlichen Kanonen auf Spatzen zu schießen.

Erdbeeren pflanzen

Neben der Pflanzung von im Kühlraum überwinterter Frigo-Erdbeerpflanzen im Mai ist die traditionelle Pflanzzeit der Erdbeeren die zweite Julihälfte. Spätere Pflanztermine schränken die Ernte im nächsten Jahr ein.

Werden Erdbeerausläufer direkt in Töpfe gesetzt, entwickeln sie bis zur Pflanzzeit einen kräftigen Wurzelballen.

Bei der Neuanlage können wir durch geschickte Sortenauswahl verschiedene Reifezeitpunkte erzielen und somit den ganzen Frühsommer über frische Erdbeeren ernten.

Ab Mai kann der Birnengitterrost auf treten. Zu seiner Entwicklung benötigt er den Sadebaum *(Juniperus sabina)* als Zwischenwirt.

Nach der Ernte werden die noch vorhandenen Ausläufer entfernt, die Blätter kräftig zurückgeschnitten, der Boden zwischen den Pflanzenreihen oberflächlich gelockert und damit eine Düngergabe eingearbeitet. Anschließend wird frisch gemulcht und kräftig gewässert. So behandelte Erdbeeren bilden schnell neue Blätter und kräftigen Blütenansatz für hohen Ertrag im nächsten Jahr.

Monatserdbeeren

Die kleinfruchtigen Monatserdbeeren, die uns in ihrem Aussehen und ihrem intensiven Geschmack an Walderdbeeren erinnern, sind besonders für Kinder interessant, da sie den ganzen Sommer über reife Früchte hervor bringen.

Beerensträucher auslichten

Starker Rückschnitt erfolgt mit der Ernte bei den Beerensträuchern. Bei Johannis- und Stachelbeeren entfernen wir sämtliche abgeernteten Triebe und schwache Jungtriebe über dem Boden. Die starken Jungtriebe haben dann genügend Platz und Licht, um sich ausreichend entwickeln und verholzen zu können.

Geiztriebe bei Brombeeren entfernen

Brombeeren müssen nicht unbedingt geschnitten werden. Da sie aber meist sehr stark wachsen, entfernen wir die jetzt gebildeten Geiztriebe bis auf zwei Blätter. Die langen Ranken befestigen wir am Spalier. Erst bei nachlassendem Fruchtansatz in den folgenden Jahren nehmen wir im Frühsommer die älteren Triebe komplett heraus.

Wein gegen Mehltau spritzen

Am Weinstock können wir immer noch die Triebe einkürzen, um eine gute Fruchtentwicklung und Besonnung der Trauben zu ermöglichen. Besonders jetzt achten wir auf **Falschen Mehltau**, den wir mit einem Kupferspritzmittel bekämpfen können. Gegen Echten Mehltau spritzen wir Netzschwefel.

August

Kleine Bauarbeiten

Mit dem richtigen Werkzeug machen auch kleinere Bauarbeiten im Garten Spaß. Mit verschiedenen Materialien lassen sich interessante Wegemuster gestalten.

Auch wenn wir ständig in unserem Garten arbeiten, planen und ändern, gibt es immer wieder neue Ideen und Gedanken, die auf Umsetzung in die Tat drängen. Größere Baumaßnahmen sollten wir getrost Landschaftsgärtnern überlassen, die gut ausgebildet, mit viel Erfahrung und einem entsprechenden Maschinenpark ausgestattet sind. Kleine Umbauten und Veränderungen lassen sich auch ohne teuere Maschinen gut in Eigenleistung herstellen, und somit den gegebenen Gartensituationen und unserem Geschmack anpassen.

Bau eines Spaliers

Obstspalier

Spaliere sind ideale Wandbegrüner, die Platz sparend Obstertrag liefern und gleichzeitig für den Betrachter äußerst reizvoll sein können. Obstspaliere müssen unter Umständen hohe Gewichte tragen können und entsprechend stabil aufgebaut werden. Je nach Obstart eignen sich nach Süden oder Westen gerichtete Wandflächen am besten.

Als Baumaterial nehmen wir Dachlatten in der Stärke 30 × 50 mm, ohne Äste, die je nach Geschmack sägerau oder gehobelt sind. Quer angeordnete Latten mit trapezförmigem Profil trocknen schneller ab und erhöhen die Lebensdauer des Spaliers. Zur Befestigung benötigen wir starke Mauerhaken oder Schrauben mit Sechskantkopf und passende Dübel. Zur Planung fertigen wir uns eine Skizze der Wand mit Fenstern und Türen an. Auf dieser Skizze lassen wir unserer Fantasie freien Lauf und spielen mehrere Gestaltungsmöglichkeiten durch.

Holzspaliere, bei denen die senkrechten Elemente dominieren, führen zu einer optischen Streckung und unterstützen die nach oben wachsenden Pflanzenteile. Der Rasterabstand entsteht dabei in der Regel durch eine gleichmäßige Aufteilung zwischen Fenstern und Türen. Die Höhen-

Dachlatten mit den Maßen 30 × 50 mm sind für ein Spalier gut geeignet. Von Querlatten mit trapezförmigem Profil läuft Regenwasser schneller ab.

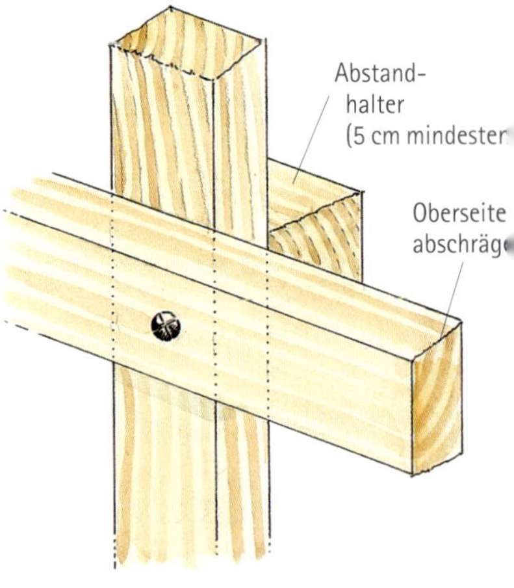

Tipp

Löcher für die Holzschrauben werden kurz vorgebohrt, Nägel werden vor dem Einschlagen gestaucht. Das schützt die Latten vor Rissen.

abstände werden so gewählt, dass sich ein Quadrat oder weites Rechteck ergibt. Sollen die Latten an den Rändern überstehen, ist ein Drittel bis ein Viertel des Rastermaßes ideal. Von Fenstern und Türen werden ca. 15 cm Abstand gehalten.

Das Spalier kann direkt an der Wand montiert werden, oder am Boden vorgefertigt in einem Stück an der Wand befestigt werden. Bei der Montage ist ein Abstand zur Wand von ca. 5 cm einzuhalten. Dadurch ist eine reichliche Hinterlüftung der Konstruktion gewährleistet. Wird das Spalier direkt an der Wand verschraubt, legt man dicke Muttern, kurze Rohrstücke oder einen dreifachen Lattenstoß als Abstandshalter darunter. Auf die Abstandshalter folgen zunächst die senkrechten Latten und anschließend die quer verlaufenden Latten. In Mauerhaken eingehängte Spaliere müssen zusätzlich gegen Aushängen gesichert werden, haben aber den Vorteil, dass sie auch einmal ohne großen Aufwand entfernt werden können. Das Spalier wird so befestigt, dass es ca. 50 cm über dem Boden beginnt. Ein Anstrich ist nicht nötig; falls er gewünscht wird, dürfen nur pflanzenverträgliche Farben verwendet werden.

Bau einer Trockenmauer

Optisch reizvoll und gärtnerisch sehr interessant kann der Bau einer Trockenmauer sein.

In Gärten kann man dadurch auch an steilen Hängen kostbare waagrechte Flächen für Gemüsegarten oder Liegewiese schaffen. Als Baumaterial benötigen wir die entsprechenden Steine. Kalksteine als grob gerichtete Mauersteine oder bei einer guten Schichtung des Kalksteins auch direkt aus dem Steinbruch. Mit großem Glück erhält man unter Umständen alte Mauersteine aus Sandstein.

Die Steine dürfen ruhig unterschiedlich geformt sein, ideal ist ein paralleler Flächenverlauf von Ober- und Unterseite. Je nach Material reicht eine Tonne etwa für einen Quadratmeter fertige Mauer. Neben den Steinen benötigen wir Splitt oder Kies in der Körnung 2/8 als Drainage und eventuell ein Drainagerohr zur Entwässerung bei höheren Mauern. Zur persönlichen Sicherheit sind Arbeitshandschuhe und Arbeitsschuhe mit Stahlkappen sinnvoll.

Unterbau

Die Arbeit beginnt mit dem Abstechen der Erde entlang der späteren Mauer. Mauern über einem Meter Höhe benötigen einen entsprechenden Unterbau. Dazu schachten wir bei gewachsenem Mutterboden etwa 15 cm tief aus und verfüllen mit Splitt; bei weicherem Untergrund wird entsprechend tiefer ausgeschaftet. Der Splitt wird mit einem Stampfer kräftig verdichtet, um anschließend die erste Lage Steine aufzulegen. Bereits jetzt ist ein Anlauf (Neigung nach hinten) von 10 bis 15° einzubauen. Für die erste Lage suchen wir schwere, möglichst flache und breite Steine, um das Gewicht der Mauer gut zu verteilen. Auf der Rückseite der ersten Lage verlegen wir, falls nötig, das Drainagerohr mit leichtem Gefälle in Richtung Auslauf.

Sorgfältiges Hinterfüllen ist für den sicheren Stand der Trockenmauer wichtig.

Auf die erste Steinlage kommt als Mörtelersatz eine Schicht Erde, ohne Steine. Dann wieder eine Lage Steine, stoßversetzt zu der unteren Lage. Gleichzeitig wird von hinten mit Splitt bzw. Erde angefüllt und verdichtet. Ab der zweiten bis dritten Schicht wird nur noch mit Erde angefüllt. Durch die leichte Neigung nach hinten erhält die Mauer ihre Stabilität, indem sie sich an den Hang stützt. Deshalb ist gewissenhaftes Auffüllen und Verdichten wichtig. Die aufgesetzten Steine dürfen nicht wackeln, ansonsten muss etwas mehr Erde unterfüttert werden. Störende Nasen werden mit einem flachen Meißel abgeschlagen. An einigen Stellen müssen mehrere Steine ausprobiert werden, um den passenden zu finden. Gelegentlich werden Wechsler eingebaut; das sind große Steine, die über zwei Lagen reichen und somit die Fugenlinien unterbrechen. Die senkrechten Fugen in den Lagen werden verschieden breit gewählt, um Platz für die spätere Bepflanzung zu schaffen.

Steine zurichten

Mit zunehmendem Baufortgang wird die Materialauswahl immer geringer, und es wird schwieriger, passende Steine zu finden. Dann müssen wir Steine selbst zurichten. Dazu setzen wir mit Hammer und Meißel eine Trennungslinie mit leichten Schlägen entlang der gewünschten Bruchstelle. Mit wenigen gezielten Schlägen bricht der Stein an der markierten Linie auseinander. Entstehender Abfall verschwindet als Drainage hinter der Mauer. Während die Mauer nach oben wächst, überprüfen wir die Maßhaltigkeit entlang eines Schnurgerüsts mit der Wasserwaage und einem Meterstab. Als Mauerkrone legen wir vereinzelt flache, etwas überbreite Steine auf, um das aufgefüllte Erdreich teilweise abzudecken.

Fugenpflanzen

Besonderen Reiz gewinnt die Trockenmauer durch eine Bepflanzung mit Steingartenstauden. Glockenblumen, Nelken, Storchschnabel, Blaukissen, Steinbrech und Dachwurz sind nur einige aus einer riesigen Auswahl. Durch die leicht nach hinten hängenden Fugen gelangt Gieß- und Regenwasser gut an die Pflanzenwurzeln. Nässeempfindliche Pflanzen werden oberhalb einer senkrechten Fuge unter einen überstehenden Stein gepflanzt. Hat man besonderen Gefallen an solchen Mauern mit der passenden Bepflanzung, aber keine passende Geländeform im Garten, errichtet man einen Trockenmauerwall. Im Prinzip werden dabei zwei Trockenmauern aneinander gelehnt. Wie bei einer normalen Mauer ist eine sichere Entwässerung über eine Drainage wichtig. Die dabei entstehenden Lebensräume werden von allerlei Kleintieren wie Eidechsen gerne angenommen.

Die Kräuterspirale

Eine Kräuterspirale bietet auf kleinem Raum die für die verschiedenen Gewürzpflanzen nötigen Bodenverhältnisse. Zum Bau einer Kräuterspirale benötigen wir etwa ein bis zwei Quadratmeter Grundfläche an einem sonnigen, möglichst trockenen Platz im Garten. Für die Kräuterspirale wird magere Erde zum Auffüllen benötigt. Mit der vom Trockenmauerbau bekannten Technik werden die Steine, ähnlich einem Schneckenhaus spi-

Steingartenpflanzen wie Blaukissen und Steinkraut fühlen sich in sonnigen Trockenmauern besonders wohl.

Eine Kräuterspirale bietet für viele Gewürzpflanzen den passenden Boden.

ralförmig nach oben verlegt. Besonders sonnenhungrige Kräuter, z. B. Thymian und Rosmarin, finden an der trockenen Spitze ihren Platz und entwickeln dort ihr bestes Aroma. Feuchtigkeitsliebende Arten wie Schnittlauch und Petersilie, fühlen sich zwischen den unteren Steinen wohl.

Wegebau

In jedem Garten werden einzelne Bereiche durch Wege miteinander verbunden. Für häufig begangene Wegflächen eignen sich professionell verlegte, wasserdurchlässige Pflaster am besten. Fachgerechter Aufbau von Unterbau, Trag- und Deckschicht sichern lange Haltbarkeit. Kleinere, wenig genützte Wege und Plätze lassen sich mit wenig Aufwand auch selbst bauen. Der Verlauf von Verbindungswegen sollte sich nach den tatsächlichen Gehstrecken ausrichten, denn der schönste Gartenweg ist nutzlos, wenn der Trampelpfad durch den Rasen die kürzere Verbindung ist.

Das Baumaterial für die Gartenwege sollte auf Gesamtsituation und die Nutzungsart abgestimmt sein. Sehr einfach herzustellen sind **Holzlattenroste** zwischen den Gemüsebeeten. Dazu benötigen wir Holzlatten mit der Stärke 30 ×50 mm, Säge, Hammer, Akkuschrauber, Nägel oder Schrauben. Bei einer Beetlänge über vier Meter ist es ratsam, die Wegeroste zu unterteilen. Mit einer Lattenbreite von 5 cm und einem Zwischenabstand von 2 cm erhalten wir mit sechs Latten eine Wegbreite von 40 cm. Im Abstand von 120 bis 150 cm verschrauben oder vernageln wir 40 cm lange Lattenstücke als Querstreben. Um ein Einreißen der Latten zu verhindern, stauchen wir die Nägel kurz an bzw. bohren für die Schrauben vor. Die leichte Bauweise dieser Roste erlaubt ein schnelles Entfernen zur Bodenbearbeitung und individuelle Beetbreiten.

Dauerhafte Wege können mit **Holzschredder** oder **Rindenmulch** belegt werden. Bei wenig begangenen Flächen werden die Materialien einfach auf den verdichteten Mutterboden aufgebracht. Eine Schicht von ca. 10 cm reicht dabei aus.

Bei häufigerer Belastung nimmt ein **stabiler Unterbau** aus einer Mineralbeton- oder Schotterschicht die Belastungen auf. Dazu wird Mutterboden etwa 20 cm tief ausgehoben, der Untergrund verdichtet und mit Mineralbeton oder feinem Schotter und Splitt verfüllt. Nach dem Verdichten dieser Tragschicht wird Holzhäcksel oder Rindenmulch mit einer Schichtstärke von ca. 10 cm aufgetragen. Unkrautbekämpfung und regelmäßiges Abziehen mit einem Rechen sind wichtige Pflegemaßnahmen. Ähnlich sind Wege mit einer wassergebundenen Decke aufgebaut, die besonders gut in Naturgärten passen.

Holzlattenroste zwischen den Gemüsebeeten lassen sich leicht selbst herstellen und halten die Schuhe sauber.

Hausbegrünung

Wilder Wein klettert ohne Gerüst direkt an der Hauswand. Er ist besonders gut für die warme Südseite geeignet.

Ob in der Großstadt oder auf dem Dorf – eine Fassadenbegrünung tut jedem Haus gut. Durch das Blätterkleid lassen sich gestalterische Aufgaben erfüllen, und es bietet verschiedenen Tieren, vor allem Vögeln, einen attraktiven Lebensraum. Bauphysikalisch wirkt eine Begrünung als Klimaschutz vor extremen Temperaturen und starken Regenfällen, die Lebensdauer einer Fassade wird deutlich erhöht. Direkt auf den Menschen wirken Staubfilterung, Kühlung und Verbesserung des Stadtklimas. Unser Geldbeutel freut sich über Einsparungen teurer Heizenergie bei immergrünen Begrünungen. Bedenken, eine Begrünung würde Verputz und Fassade beschädigen oder gar zerstören, sind absolut unbegründet – einen einwandfreien Putz vor Anbringung des Fassadengrüns vorausgesetzt.

Die richtige Kletterpflanze wählen

Die Wahl der richtigen Kletterpflanze mit der zur Kletterhilfe passenden Klettertechnik ist wichtig. So erspart man sich Ärger und Endtäuschungen bei der Begrünung. Häufiger Fehler ist z. B. die Pflanzung von Efeu an einem Drathzaun; er benötigt jedoch Wände oder Baumstämme zum Klettern.

Das Angebot an Kletterpflanzen ist sehr artenreich. Entsprechend ihrer Wuchseigenschaften lassen sie sich in Gruppen einteilen. Zunächst muss zwischen Selbstklimmern, Schling- bzw. Rankpflanzen und Spreizkletterern unterschieden werden. **Selbstklimmer** wie Wilder Wein und die wärmeliebende Trompetenblume *Campsis radicans* und die schattenverträglichen Arten Efeu und Kletterhortensie klettern mit Hilfe von Saugfüßen oder Haftwurzeln direkt an der Wand, bevorzugt an einer porösen Oberfläche. Frischer Verputz bereitet auf Grund seines hohen pH-Wertes anfänglich Probleme.

Schling- und Rankpflanzen benötigen Kletterhilfen aus gespannten Edelstahlseilen, Lattengerüsten, Maschendraht oder Ähnlichem. Schlingpflanzen sind z.B: Strahlengriffel *(Actinidia*-Arten), Knöterich, Hopfen und Glyzinie, Geißblätter, Baumwürger und Pfeiffenwinde. Clematis und Weinreben sind Rankkletterer. Besonders stark wachsen die Naturformen der Waldrebe, Clematis montana 'Rubens', Clematis tangutica, Clematis alpina. Clematis-Hybriden wie 'Nelly Moser, 'Jackmannii' oder 'Ville de Paris' wachsen langsamer, weisen jedoch besonders große, farbenprächtige Blüten auf.

Hecken- und Kletterrosen sowie der Winterjasmin sind **Spreizklimmer**; sie benötigen ein Klettergerüst mit ca. 15 cm Wandabstand, um ihre Triebe dazwischen zu verspreizen.

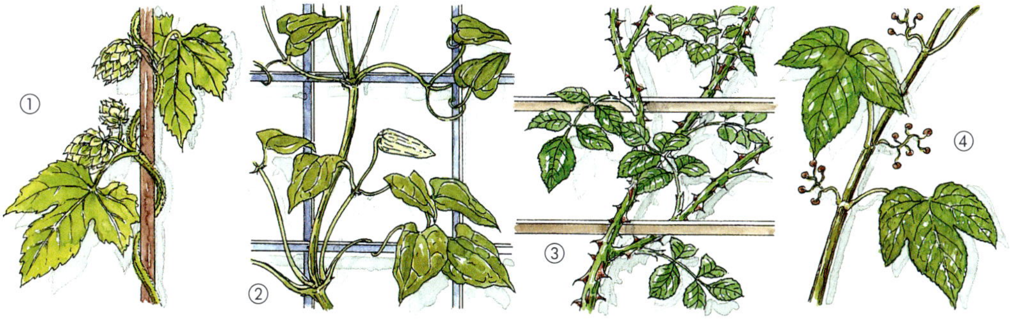

Kletterpflanzen haben verschiedene Klettertechniken entwickelt: ① Schlinger (Hopfen), ② Ranker (Waldrebe bzw. *Clematis)*, ③ Spreizklimmer (Kletterrose) und ④ Selbstkletterer mit Haftscheiben (Wilder Wein) oder Haftwurzeln (Efeu).

Die immergrüne Kriechspindel klettert spreizklimmend mit Haftwurzeln und erreicht eine Höhe von ca. 2 m, ebenso wie der Winterjasmin, der auch als Hängepflanze verwendet werden kann.

Stark wüchsige Kletterpflanzen mit Gipfelhöhen bis 15 m sind Glyzinie, Weinreben, Efeu, Wilder Wein, Kletterhortensie, die Gemeine Waldrebe, Knöterich und Baumwürger.

Sichere Klettergerüste

Die Klettergerüste müssen unbedingt ausreichend dimensioniert und sicher an der Wand befestigt werden, da Regen und Wind sehr große Kräfte ausüben und die Kletterpflanzen mit den Jahren beachtliche Gewichte erreichen.

Kletterpflanzen im Kübel

Für kleinere Gefäße, auch auf Terrasse und Balkon, sind einjährige Kletterpflanzen bestens geeignet. Einjähriger Hopfen, Glockenrebe, Feuerbohne, Wicken, Zierkürbisse und Kalebassen sind stark wüchsige Vertreter dieser Gruppe. Schwarzäugige Susanne, Kapuzinerkresse und das Rosenkleid *(Rhodochiton atrosanguineus)* sind dagegen schwächer im Wuchs.

Kletterhilfen für einjährige Kletterer werden aus Sisal- oder Hanfschnüren aufgebaut, was nach den ersten Frösten die Entsorgung auf dem Komposthaufen erleichtert, da diese Schnüre ebenfalls verrotten können.

Kletternde Kübelpflanzen können wie einjährige Kletterpflanzen verwendet werden. Beispiele sind die Passionsblumen-Sorte 'Imperatrice Eugenie', die rosa blüht, ebenso die südafrikanische *Podranea ricasoliana;* die Kletterkartoffel *(Solanum jasminoides*) blüht hellblau, der auch als Zimmerpflanze bekannte Jasminum grandiflorum dagegen weiß. Wir leiten sie an Schnüren hoch. Nach einem kräftigen Rückschnitt können sie frostfrei überwintert werden.

Die Schwarzäugige Susanne ist mit ihren verschiedenen Arten eine dankbare Kletterpflanze für Balkon und Terrasse, die in großen Töpfen gut gedeiht.

Arbeiten im August

Auch wenn wir im Ferienmonat August eher an Entspannen und Nichtstun denken, gibt es im Garten eine Fülle wichtiger Arbeiten zu erledigen. Die heißen Tage zeigen uns deutlich, dass der Sommer seinen Höhepunkt überschreitet, und gegen Ende des Monats kündigt der Morgennebel in manchen Regionen bereits den herannahenden Herbst an.

Ziergarten

Balkon- und Kübelpflanzen pflegen

An den heißen Hundstagen (Ende Juli bis Ende August) ist ausreichendes Wässern unserer Kübel- und Balkonpflanzen ganz wichtig. Jetzt zeigt sich die Leistungsfähigkeit unserer Blumenerde. Billigerden mit geringer Wasserhaltekraft führen nun unweigerlich zu Problemen, da sie oft mehrmals täglich gegossen werden müss(t)en. Die dauernde Nässe im Wurzelballen und der damit verbundene Sauerstoffmangel führt bei vielen Pflanzen zum Absterben der feinen Haarwurzeln, die für die Wasseraufnahme der Pflanzen verantwortlich sind. Blattvergilbung und Blattfall sind die Folge. Um geschwächte Pflanzen zu retten, helfen oft nur das Umpflanzen in neue Erde und ein kräftiger Rückschnitt.

Gute Blumenerde verringert den Pflegeaufwand

Ein wichtiges Kriterium für gute Blumenerden ist eine nachhaltige Strukturstabilität, die durch die Bestandteile Rindenhumus und auch Holzhäcksel erreicht wird. Lava, Bims und gebrochener Blähton werden besonders gerne bei Kübelpflanzenerden beigemischt, vor allem um die Drainage zu verbessern. Sie können ihre strukturbildende Wirkung aber erst bei einem Anteil um 50 % erreichen, so dass sie als alleinige Strukturbildner nur bedingt geeignet sind.
Bei fehlenden organischen Strukturbildnern – dazu zählt etwa hochwertiger Rindenhumus – werden die mineralischen Strukturbestandteile von den organischen Bestandteilen wie Kompost und Torf eingebettet und fest umschlossen. Dabei gehen die für eine ausreichende Sauerstoffversorgung so wichtigen Grobporen verloren. Die Folge ist ein Ersticken und Absterben der Wurzeln.

Rückschnitt

Bei stark wachsenden Kübelpflanzen gehört der Rückschnitt zur normalen Pflege. Er wird meist nach der Blüte durchgeführt. Bei der **Kapmalve** *Anisodontea capensis* schneiden wir z. B. die Krone kugelrund auf die Größe eines Fußballes zurück.
Einige andere Kübelpflanzen reagieren mit einer Blühpause auf zu große Hitze; dies gilt z. B. für **Strauchmargeriten, Wandelröschen, Vanilleblumen** *(Heliotropium)* und **Fuchsien.** Durch einen gezielten Rückschnitt regen wir bei diesen die Neubildung von Trieben und Blüten an.

Der Enzianbaum *Solanum rantonnetii* benötigt eine kühle Überwinterung zur reichen Blüte.

Zweijahresblumen aussäen

Die im Juli gesäten Zweijahresblumen werden nun pikiert. Dies geschieht entweder in Töpfe oder direkt auf ein Beet. Hält man die Pflanzen in Töpfen, bilden sie einen besseren Ballen, und sind leichter zu handhaben. um schnell kräftige Pflanzen zu erhalten, pikieren wir kleine Tuffs, mit ein bis drei Sämlingen ein Stiefmütterchen und Nelken und drei bis fünf Sämlingen bei den anderen

Bellis, Ringelblumen, Stiefmütterchen und Vergissmeinnicht werden im Sommer ausgesät, um sich bis zum Herbst zu kräftigen Pflanzen entwickeln zu können.

Hecken schneiden

Koniferenhecken werden jetzt geschnitten, um bis zum Winter kräftige Triebknospen auszubilden. Außer bei einer Eibenhecke dürfen Koniferen-Hecken nicht ins alte, bzw. kahle Holz zurückgeschnitten werden, da **Thuja, Wacholder, Kiefer, Fichte** und **Scheinzypresse** daraus keinen Neutrieb bilden können. Wurde ihr Schnitt über mehrere Jahre hinweg versäumt und haben sie sich dabei zu stark entwickelt, bleibt oft leider nur die Rodung als einziges Mittel einer Verkleinerung. Bei der folgenden Neuanlage empfiehlt es sich, bereits vorab durch geschickte Sorten- und Artenwahl die gewünschte Heckenform und Größe zu bestimmen. Oft ist dann nur geringer Schnittaufwand nötig.

An den bereits geschnittenen Laubhecken bilden sich schwache Triebe aus, die wir nochmals schneiden, wenn sie aus der Heckenform heraus wachsen.

Rückschnitt fördert die Blüte

Bei den Stauden schneiden wir – wie bei den Rosen – einzelne abgeblühte Blüten zurück, um nach dem endgültigen Verblühen den ganzen Trieb bodeneben abzuschneiden. Dadurch wird die Bildung einer Blattrosette gefördert und damit ein starker Austrieb im folgenden Jahr.

Bei den Rosen achten wir weiterhin auf regelmäßige Pilzvorsorge und Blattlausbefall. Bereits jetzt können wir zu schwache Triebe an ihrer Verzweigungsstelle abschneiden, da sie meist keine Blüten bilden.

Zwiebel- und Knollenblumen pflanzen

Ideale Pflanzzeit ist jetzt für die im Sommer und Herbst blühenden Zwiebel- und Knollenpflan-

Jetzt ist Pflanzzeit für die Steppenkerze *(Eremurus)*. Die Wurzeln vorsichtig ausbreiten, sie brechen leicht.

zen. Sie bilden bereits im Spätsommer neue Wurzeln und Blatttriebe aus, mit denen sie überwintern, und haben jetzt ihre Ruhephase. Herbstzeitlosen, Steppenkerzen und Madonnenlilien gehören dazu.

Rasen und Blumenwiese

Gegen Ende des Monats können nach der großen Sommerhitze wieder Rasenflächen neu angelegt werden. Während der heißen Sommerzeit wird der Rasen nicht zu kurz geschnitten, um ein Ausbrennen der Grasnarbe zu verhindern. Regelmäßiges Wässern des Rasens – vor allem neu angelegter Bereiche – ist jetzt besonders wichtig. Wildblumenwiesen dagegen dürfen durchaus auch einmal trocken fallen. Bei ihnen sind die kargen Lebensbedingungen gewollt, sie steigern die Artenvielfalt. Nach der ersten Mahd entwickelt sich nun der zweite Flor zu seiner vollen Pracht und bietet Schmetterlingen, Bienen und Hummeln reichlich Nahrung.

Letzte Düngung

Stauden, Sommerblumen und auch der Rasen können nochmals gedüngt werden, um bis zu den ersten Frösten ausreichend mit Nährstoffen versorgt zu sein. Für eine ausreichende Pflanzenernährung eignet sich ein Langzeitdünger mit 2–3-monatiger Wirkungsdauer. Dabei können wir die gegebene Menge gegenüber dem Frühjahr auch etwas reduzieren, damit die Pflanzen ausreifen können.

Nach dem Trocknen werden die Zwiebeln vom Beet genommen, zu Zöpfen gebunden und aufgehängt.

Gemüsegarten

Zeit für Wintergemüse

Bereits zum Monatsanfang müssen die letzten Wintergemüse wie **Grünkohl** und **Chinakohl** gepflanzt werden. Die bereits gepflanzten Wintergemüse (siehe Seite 19) benötigen nochmals eine Düngergabe, um ausreichend versorgt zu werden. Zwischen den heranwachsenden **Lauch** können wir jetzt **Feldsalat** einsäen, um den Platz zu nützen.

Kopfsalat und **Endivien** können bis Ende des Monats noch ins Freiland gepflanzt werden. Die ersten **Rosenkohl**pflanzen haben nun ihre Höhe erreicht. Um die Röschenbildung zu fördern, brechen wir die Spitzen aus.

Zwiebeln ernten

Die Zwiebeln sind erntereif und dürfen nach dem Roden noch auf dem Beet liegen bleiben, um gut abzutrocknen. Anschließend werden sie zu Zöpfen gebunden und zum Trocknen luftig aufgehängt.
Um auch im zeitigen Frühjahr frische Zwiebeln und frisches Zwiebelgrün zur Verfügung zu haben, säen oder stecken wir jetzt **Winterzwiebeln**, die bis zum Frühjahr auf den Beeten verbleiben.

Feldsalat als Gründüngung

Abgeerntete Beete, die nicht neu bestellt werden, säen wir mit Gründünger ein. Auch der Feldsalat eignet sich als Gründüngung sehr gut und kommt zudem unserem Speisezettel zugute. Bei einer Aussaat Anfang des Monats können wir bereits im

Herbst ernten. Idealerweise wird in Reihen mit einem Abstand von ca. 10 cm gesät. Ist das für die Feldsalatkultur geplante Beet noch nicht ganz abgeerntet, können wir ihn auch in Multitopfplatten heranziehen und anschließend auf das Beet pflanzen. Dazu befüllen wir die Platten mit Pikier- oder Aussaaterde und säen in jedes Töpfchen 4–5 Samenkörnchen. Beim späteren Pflanzen achten wir darauf, die einzelnen Pflänzchen nur bis zur Hälfte des Wurzelballens in die Erde zu setzen. So lässt sich der Feldsalat leichter ernten.
Sowohl bei der Direktsaat des Feldsalats auch bei der Pflanzung wird nicht gedüngt, da der geringe Nährstoffbedarf aus den im Boden noch vorhandenen Nährstoffen gedeckt wird.

Abgefressene Blätter und Kothäufchen sind immer Anzeichen für einen Befall mit Schmetterlingsraupen. Kapuzinerkresse und Kohl werden z. B. häufig vom Kohlweißling befallen.

Vorsicht, Kohlweißling!

Heranreifender **Blumenkohl** wird vor der starken Sommersonne durch Einklappen der inneren Laubblätter geschützt. Bereits seit Juli beobachten wir unsere Kohlpflanzen genau, um das Auftreten der Kohlweißlingsraupen rechtzeitig zu erkennen. Die Falter legen gelbe, stäbchenförmige Eier auf den Blättern ab. Zu ihrer Bekämpfung sind *Bacillus-thuringiensis*-Präparate gut geeignet. Wurde die Raupenbekämpfung vor dem Schließen der Kohlköpfe versäumt, erlebt man bei der Ernte oft eine unliebsame Überraschung, da die Raupen im Inneren der Kohlköpfe weiter fressen und uns nur zerfressene Reste übrig lassen. Bei nur geringer Befallsdichte können Raupen und Eier auch problemlos von Hand abgelesen werden.
Im Sommer tritt immer wieder die **Mehlige Kohlblattlaus** auf. Bei konsequenter Anwendung ist sie mit Mitteln auf Kaliseifen- oder Rapsölbasis sicher zu bekämpfen.

Pflegearbeiten

Die Pflegearbeiten im Gewächshaus und im Frühbeet führen wir wie bisher weiter. Die **Tomaten** entspitzen wir Mitte des Monats oberhalb der 7.–8. Blütentraube, da neu heranwachsende Blütentrauben bis zum Frost nicht mehr ausreifen, und der Pflanze unnötige Kraft kosten. Spätestens Anfang des Monats erfolgt bei **Gurken** und **Tomaten** die letzte Düngung, bei der wir das letzte Drittel der zu Beginn der Kultur ermittelten Gesamtdüngermenge ausbringen.
Die hoch gezogenen Gewächshausgurken entspitzen wir, wenn sie das Gewächshausdach erreicht haben; dadurch wird die Aktivität der Seitentriebe gefördert.
Für die nachfolgende Kopfsalatkultur säen wir nochmals eine Herbstsorte aus (Sortenvorschläge siehe Seite 19). Die reiche Ernte im Garten muss möglichst schonend behandelt werden. Wir sollten so viel wie möglich frisch verzehren und den Überschuss durch Einwecken, Einfrieren und Entsaften schonend konservieren, um den Gehalt an wertvollen Vitaminen und Mineralstoffen weitgehend zu erhalten.

Obstgarten

Erste Obsternte – Frühsorten

Je nach Witterungsverlauf setzt mit der Reife von 'Klarapfel' und der Apfelsorte 'Jakob Fischer' die Ernte der frühen Apfel- und Birnensorten ein. Äpfel lassen wir grundsätzlich voll ausreifen, bevor wir sie ernten. Die Fruchtreife erkennen wir, wenn sich der Apfelstiel leicht vom Holz lösen lässt und sich die Kerne im Innern braun färben. Frühe Sorten reifen ungleichmäßig, ein mehrmaliges Ernten ist deshalb ratsam. **Birnen** nehmen wir vor der vollständigen Reife ab und lassen sie im Lager kurz nachreifen. Die frühen Obstsorten sind in der Regel nicht lange haltbar. Leckere Alternative zum Verzehr der frisch geernteten Früchte ist die Zubereitung von Kompott, die Kombination in Süßspeisen oder das Entsaften. Übersteigt die Ernte unseren Bedarf, lassen wir die Früchte auf dem Boden liegen oder entsorgen sie auf dem Komposthaufen, wo sie für viele Insekten und andere Kleintiere ein wichtiges Nahrungsangebot darstellen.

Durch ihren hohen Zuckergehalt vergären die Früchte sehr schnell, was den Appetit der verschiedenen Tiere nur steigert. Vorsicht ist dann für spielende Kinder geboten, denn die gärenden Früchte locken Wespen an.

Mit den heranreifenden Kläräpfeln beginnt die Apfelernte im Garten. Sie schmecken frisch vom Baum am besten.

Rückschnitt bei Kirsche & Co.

Süßkirschen, Sauerkirschen, Aprikosen und **Pfirsiche** sind sehr nahe miteinander verwandte Gehölze. Deshalb können wir bei allen fast identische Pflegemaßnahmen ergreifen. Nach der Ernte können zu groß gewachsene Bäume durch kräftigen Rückschnitt alter Äste eingekürzt werden. Wunden ab 3 cm Durchmesser mit einem Wundverschlussmittel verstreichen. Dieser starke Rückschnitt im Sommer ist durchaus vorteilhaft, da die Bäume jetzt voll aktiv sind und sich die großen Wunden sehr schnell verschließen.

Veredlungen nachbehandeln

Bei Mehrfachveredlungen lassen wir nur ein Reis, in der Regel das obere, dominieren. Die anderen werden zurückgeschnitten.

Im Wurzelbereich der Obstgehölze erneuern wir die Mulchauflage.

Weitere Pflegearbeiten

Um eine reichliche **Erdbeerernte** zu erhalten, müssen die Pflanzarbeiten bereits Anfang des Monats abgeschlossen werden. Für eine Neuanlage wechseln wir die Pflanzfläche, um dem einseitig ausgelaugten Boden eine Erholungsphase zu gönnen. Wir beginnen die neue Nutzung mit einer **Gründüngung**.

Hecken – Grüne Wände im Garten

Eine kleine Pforte in der Hecke macht neugierig auf das, was sich dahinter verbirgt.

Hecken sind im Hausgarten ideale Abgrenzungselemente. Zwar ist ihr Platzbedarf größer, Mauern und Zäunen gegenüber haben sie aber viele Vorteile. Neben Sicht- und Lärmschutz erfüllen sie bei entsprechender Pflanzenauswahl wichtige ökologische Aufgaben.

Wer eine Hecke pflanzen will, muss zunächst einige Punkte abklären:

- Wie hoch soll die Hecke werden.
- Wie breit darf sie werden?
- Soll die Hecke regelmäßig geschnitten werden?
- Werden immergrüne oder sommergrüne Gehölze gewünscht?

Allesamt Fragen, die zusammen mit einem kompetenten Fachmann spätestens beim Kauf erörtert werden müssen. Richtige Pflanzenwahl erleichtert die Pflege.

Frei wachsende Hecken

Mehrreihige Hecken

Steht genügend Platz zur Verfügung, um eine **mehrreihige Hecke** aus heimischen Vogelschutzgehölzen zu pflanzen, schafft man einen idealen Lebensraum für Vögel, allerlei Kleintiere und andere nützliche

Gartenhelfer. Eine dreireihige Hecke benötigt jedoch fünf bis sechs Meter Breite zu ihrer Entwicklung. Aus ökologischen Gründen pflanzt man etwa vorwiegend heimische Laubgehölze, die mit ihren Beerenfrüchten reichlich Nahrung für Vögel bieten. Doch auch Nadelgehölzhecken, etwa von Thujen oder Fichten, sind nicht »unökologisch«, im Gegenteil: Sie werden als Nistmöglichkeit von Vögeln gerne angenommen.

Spiraea japonica 'Little Princess' ist gut für halbhohe Hecken (0,5 bis 1 m) geeignet.

Einreihige Hecken

Auch **einreihige Blütenhecken** in kleineren Gärten können durch Zwischenpflanzung von Fruchtgehölzen sehr interessante Lebensräume für Vögel und andere Kleintiere schaffen. Felsenbirne, Haselnuss, Schneeball, Pfaffenhütchen, Heckenkirsche, Kornelkirsche, Wildrosen sind gut geeignet, Forsythien, Flieder, Kolkwitzie, Duftjasmin, Ranunkelstrauch und Schmetterlingstrauch erhöhen den Zierwert.

Die Hagebutten der Heckenrosen werden gerne von Vögeln gefressen.

Schnitthecken

Für regelmäßig geschnittene Hecken stehen ebenfalls verschiedene Gehölze zur Auswahl. Bei den Laubgehölzen werden immergrüne Arten, wie Buchs, Liguster, Stechpalme und Kirschlorbeer, und sommergrüne unterschieden. Außer der heimischen Lärche, einem selten als Hecke gepflanzten Gehölz, sind alle als Hecke verwendbaren Nadelgehölze immergrün.

Ökologisch weniger wertvoll sind die ebenfalls für Schnitthecken gut geeigneten, säulenförmig wachsenden Scheinzypressen-Sorten *Chamaecyparis lawsoniana* 'Alumii', 'Columnaris' und 'Golden Wonder' und die Lebensbaum-Sorten *Thuja occidentalis* 'Columna' und 'Smaragd'.

Für formgeschnittene, höhere Hecken (über zwei Meter) sind vor allem Hainbuche, Feldahorn, Liguster und als Nadelgehölze die Eibe geeignet. Sie sind gut schnittverträglich und vertragen auch starken Rückschnitt.

Halbhohe Hecken (bis einen Meter hoch) eignen sich weniger als Sicht- und Lärmschutz. Mit ihnen lassen sich einzelne Gartenbereiche abtrennen. Der kleine Maiblumenstrauch *(Deutzia gracilis)*, Latschenkiefern und Fingerkräuter *(Potentilla fruticosa)* sowie verschiedene Rosensorten, Zwergliguster und Kirschlorbeer eignen sich dafür.

Niedrige Beeteinfassungen

Aus den Barockgärten kennen wir niedrige Einfassungshecken als Gestaltungselemente. Über den traditionellen Bauerngarten haben sie ihren Weg in die modernen Hausgärten gefunden. Wie früher werden sie hier zur Begrenzung von Weg- und Beetflächen gepflanzt. Am bekanntesten ist der niedrige Zwergbuchs *Buxus sempervirens* 'Suffruticosa'. Neben kleinwüchsigen Fingerkraut-Sorten sind auch niedrige Rhododendren wie die Sorten 'Baden-Baden' und 'Scarlet Wonder' bei entsprechenden Bodenverhältnissen gut geeignet. Ysop, Lavendel und Gamander aus dem Staudensortiment können ebenfalls als Zwergheckenpflanzen verwendet werden.

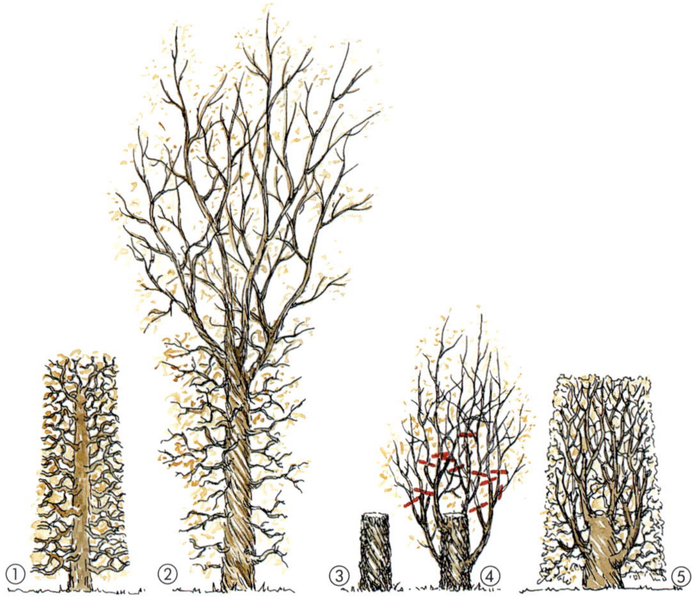

Eine ehemals geschnittene Hainbuchenhecke ① ist verwildert und durchgewachsen ②. Sie lässt sich neu formieren, indem man sie zunächst in ca. 50 cm Höhe auf den Stock setzt ③. Den Neutrieb schneiden wir im Folgejahr nochmals stark zurück ④ und beginnen danach durch regelmäßigen Heckenschnitt mit dem Neuaufbau der Hecke ⑤.

Hecken schneiden

Für alle Heckenpflanzungen ist der aufwändige Rückschnitt die wichtigste Pflegearbeit. Naturnah frei wachsende Hecken werden alle drei bis fünf Jahre wie normale Ziergehölze verjüngt, um einen dichten Aufbau von unten zu entwickeln. Sind einzelne Sträucher zu groß geworden, können sie auch »auf den Stock gesetzt« werden. Dazu schneidet man sie scharf bis knapp über dem Boden ab.

Tipp

Einen besonderen Schnitt erfordern Latschenkiefern-Hecken, denn für eine Heckenpflanze wachsen sie sehr ungleichmäßig. Bereits im Jungpflanzenalter kürzt man Anfang Juni die Jahrestriebe ein. Dadurch bilden sich neue Triebknospen für einen dichtbuschigen Wuchs.

Tipp

Das Schnittgut kann in der Hecke verbleiben, um von totholzbesiedelnden Insekten genützt zu werden.

Formal geschnittene Hecken werden ein- bis zwei Mal pro Jahr geschnitten. Dabei sollte man bei normalen Heckenformen einen leicht trapezförmigen Schnitt anstreben, bei dem die Hecke etwas breiter bleibt als oben, so dass sie unten nicht verkahlt.

Hecken pflanzen

Die für Hecken benötigte Pflanzenmenge ist von der Größe der Pflanzen zur Pflanzzeit abhängig und von Art zu Art verschieden. Da bei zunehmender Pflanzengröße weniger Pflanzen pro laufenden Meter benötigt werden, gleicht sich der Preisvorteil kleinerer Pflanzen oft wieder aus, so dass neben anderen Vorteilen der Griff zu den größeren Pflanzen zu empfehlen ist. Für größere frei wachsende Hecken wählt man etwa 1,0 m–1,5 m Pflanzabstand.

Die Angebotsformen

Containerpflanzen können fast das ganze Jahr über gepflanzt

werden, Ballenware im Frühling und Herbst, wurzelnackte Pflanzen nur im zeitigen Frühjahr oder im Spätherbst. Ballen- und Containergehölze benötigen in der Regel keinen Pflanzschnitt, wurzelnackte Ware dagegen muss zur Pflanzung zurückgeschnitten werden. Wurzelnackt erhält man jüngere Gehölze, deren Formenentwicklung durch richtigen Schnitt in der Baumschule erst begonnen hat. Während bei **Hainbuchen**heistern (Pflanzen, die bereits einen dünnen Stamm entwickelt haben) die Seitentriebe und die Triebspitze leicht eingekürzt werden, schneidet man **Liguster**sträucher an allen Trieben stark zurück. Bei beiden kürzen wir auch die Wurzel etwas ein.

Die Grabenpflanzung

Zur Pflanzung wird entlang einer gespannten Schnur ein Graben gezogen, der in Tiefe und Breite die Wurzelballen gut aufnehmen kann. Während eine Person die Pflanzen in der richtigen Position hält, schaufelt eine zweite Person von beiden Seiten Erdreich um die Wurzeln in den Graben. Gelegentliches Antreten verhindert Hohlräume an den Wurzeln. Zum Schluss werden die einzelnen Heckenpflanzen in gerader Linie ausgerichtet, nochmals angedrückt und kräftig gegossen. Unmittelbar nach der Pflanzung kann bereits ein erster, noch vorsichtiger Erziehungsschnitt gemacht werden.

Grenzabstand

Bei der Pflanzung von Hecken an der Grundstücksgrenze müssen die gesetzlichen Regelungen des Nachbarrechts beachtet werden. Sie sind je nach Bundesland verschieden. Auskunft darüber erhält man bei Stadtverwaltungen und Gemeindeämtern. Ein Gespräch mit dem Nachbarn über die geplante Pflanzung ist selbstverständlich und hilft, späteren Ärger zu vermeiden.

Als niedrige Einfassung eignet sich die Buchssorte 'Suffruticosa' und der Liguster 'Lodenge'!

Arbeiten im September

Mit dem September kommen die ersten kalten Nächte, und auch die erste Herbstfärbung setzt bereits ein. Das Blumenzwiebelangebot in den Geschäften erinnert uns daran, für den Winter und das kommende Frühjahr vorzusorgen. Unsere Arbeit wird jetzt mit reicher Ernte belohnt, und wir finden etwas mehr Zeit, die herbstliche Sonne zu genießen.
Sonnige Tage im Herbst bedeuten meist auch eine anhaltende Trockenheit. Deshalb ist es jetzt besonders wichtig, alle frisch gepflanzten und noch in vollem Wachstum befindlichen Gehölze, Gemüse und Zierpflanzen ausreichend zu wässern.

Ziergarten

Im September werden Blumenzwiebeln gepflanzt. Zu mehreren in kleinen Tuffs gesetzt, wirken sie zur Blütezeit besonders natürlich. Die richtige Pflanztiefe ergibt sich aus der Zwiebelhöhe.

Blumenzwiebeln pflanzen

Thema Nummer eins im September ist die Pflanzung von Blumenzwiebeln. Ab jetzt finden wir im Fachhandel eine reiche Auswahl an den beliebten Frühlingsblühern wie **Tulpen, Narzissen** und **Hyazinthen.** Wir haben die Wahl zwischen einer Fülle von Sorten in den verschiedensten Farben, Formen und Wuchshöhen. Die Sortenvielfalt erlaubt es, für jeden Verwendungszweck die richtige Auswahl zu treffen.

Die richtige Größe

Neben der Gesundheit ist die Größe der Blumenzwiebel das wichtigste Qualitätskriterium. Gemessen wird jeweils der Umfang der Zwiebel. Je nach Art gelten bestimmte Mindestmaße, die für eine ausreichende Qualität eingehalten werden müssen. Zu kleine Zwiebeln bringen keine oder nur sehr kleine Blüten. Bei Gartentulpen ist die Größe 12/+ (also mindestens 12 cm Zwiebelumfang), bei **Hyazinthen** die Größe 17/18 und bei den großen **Osterglocken** die Bezeichnung **»Doppelnase«** für einen reichen Blütenansatz ideal. Letzteres bezieht sich auf eine Besonderheit bei den **Narzissen,** deren Zwiebeln sich seitlich in Tochterzwiebeln aufspalten. Eine Doppelnase bringt zwei Blütentriebe und ist daher zu bevorzugen. Bei den anderen Zwiebeln ist die Größe stark sorten- und artenabhängig.

Grundsätzlich greifen wir immer zu den größeren, etwas teureren Zwiebeln. Preisgünstig angebotene Blumenzwiebelsortimente, die aus einer Vielzahl verschiedener Arten und Sorten bestehen, enthalten meist unterentwickelte, zum Blühen zu kleine Zwiebel und lassen nur wenig Freude erwarten.

Wie kombiniert man Zwiebelblumen?

Viele der kleinwüchsigen Frühlingsblüher sind ideale Nachbarn zu Sträuchern und bunt blühenden Hecken. **Schneeglöckchen, Märzenbecher** *(Leucojum)*, **Blausternchen** *(Scilla)*, **Winterlinge**, und niedrige **Anemonen, Lerchensporn** und **Hundszahn** *(Erythronium)* sind nur einige der zur Unterpflanzung von Laubgehölzen geeigneten Zwiebelblumen. Auch in ihrem natürlichen Verbreitungsgebiet leben sie in lichten Laubwäldern.

Kleinwüchsige Wildformen eignen sich besonders gut für Steingärten und kleine Rabatten. In letzter Zeit sind für diesen Zweck viele Neuzüchtungen entstanden. Besonders zierlich wirken die **Narzissen**sorten 'February Gold', 'Tête-à-Tête', 'Hawera', 'Itzim', 'Jenny', 'Baby Moon' und andere. Bei den **Tulpen** sind die niedrigeren Wildarten *Tulipa clusiana*, und *T. saxatilis, T. tarda, T. turkestanica* und *T. undulatifolia* gut geeignet. *Tulipa humilis* wird meist als Sorte 'Violacea' angeboten, auch wenn dies nicht eigens angegeben ist. Diese schöne Form fällt besonders durch die intensiv dunkelviolette Farbe der Blüten auf. Auch die so genannten **Botanischen Tulpen**, vor allem *Tulipa greigii-* und *T. kaufmanniana-*Sorten, sind für diesen Zweck bestens geeignet; sie erfreuen uns mit relativ großen Blüten auf kurzen Stielen. Häufig sind ihre Laubblätter mit einem braunen Muster gezeichnet.

Rasen ansäen

Bis Mitte September können wir Raseneinsaaten durchführen. Bei späterer Saat könnten die zarten Pflänzchen dagegen hochfrieren und vertrocknen.

Schnitt- und Trockenblumen

Viele Sommerblumen eignen sich hervorragend als Schnittblumen, darunter **Zinnien, Löwenmäulchen, Sonnenblumen, Ringelblumen, Kornblumen, Kosmeen, Levkoien, Sonnenhut** und **Strandflieder.** Um Vorrat für den Vasenschmuck zu haben, pflanzen wir sie in eigenen Beeten an. **Fuchsschwanz, Tagetes, Sonnenhut, Sonnenflügel, Strandflieder, Jungfer im Grünen, Kornblumen, Kugelamarant, Strohblumen, Muschelblume** *(Moluccella)*, **Mohnkapseln** und die Blütenstände verschiedener **Gräser** können sofort nach dem Schnitt an einem dunklen, luftigen Ort getrocknet werden.

Die Strohblume *Helichrysum bracteatum* ist eine altbekannte Trockenblume. Für den Trockenschmuck werden die noch geschlossenen, aber voll entwickelten Blüten geschnitten und kopfüber zum Trocknen aufgehängt. Vorsicht, oft sitzen Wespen unter den Blüten!

Dazu schneiden wir die Blumen mit halblangen Stielen ab, bündeln sie jeweils zu Zehnt und hängen sie kopfüber an einem warmen und luftigen, aber beschatteten Ort auf. Nach dem Trocknen können sie bis zu ihrer Verarbeitung staubgeschützt in Schachteln kühl gelagert werden.

Düngung beenden

Die Düngung im Freiland, Frühbeet und Gewächshaus stellen wir ein, um die Böden nicht unnötig zu belasten. Um gegen die ersten kalten Nächte gewappnet zu sein, halten wir ein Vlies als Kälteschutz bereit und beobachten an besonders sonnigen und klaren Tagen das Thermometer genau.

Aussamen lassen oder zurückschneiden?

Stark versamende Stauden, wie **Margeriten, Akeleien, Brennende Liebe** usw., schneiden wir bodeneben zurück, um eine unkontrollierte Vermehrung zu vermeiden. Andere Stauden, vor allem die **Gräser**, lassen wir bis in den Frühling stehen. Sie dienen vielen Vögeln im Winter als zusätzliches Nahrungsangebot.
Die Samenstände verschiedener Stauden eignen sich außerdem gut zum Trocknen. Wir verfahren mit ihnen wie mit den anderen **Trockenblumen**.

Immergrüne und Nadelgehölze pflanzen

Ab Mitte des Monats beginnt die Pflanzzeit für Nadelgehölze und Immergrüne. Bei anhaltender Trockenheit müssen wir dabei für ein ausreichendes Wasserangebot sorgen, um das Wurzelwachstum anzuregen und damit das Auswachsen zu sichern. Gelegentliches Übersprühen der Blätter bzw. Nadeln kühlt die Pflanzen und schützt vor Verdunstung.

Senfgurken nach dem Rezept meiner Großtante

Zutaten:
2,5 kg überreife Gurken,
1 l Wasser, 1/2 l Essig,
300 g Zucker, Alba-Gurkendoktor, Alba-Gurkengewürz
Zubereitung:
Gurken schälen, der Länge nach halbieren, Kerne mit einem Silberlöffel entfernen. Gurkenhälften einsalzen und abgedeckt in einer Schüssel über nacht stehen lassen. Anschließend die Gurken zusammen mit dem Wasser, Essig und Zucker aufwallen lassen. Die Gurken alsdann herausnehmen und abtrocknen, die Flüssigkeit zusammen mit dem Gurkengewürz nochmals aufkochen lassen. Den entstehenden Schaum abschöpfen, Alba-Gurkendoktor einrühren. Die Gurken in Schraubdeckelgläser geben und mit der Flüssigkeit übergießen, bis die Früchte bedeckt sind.

Gemüsegarten

Wer im August und September erholt aus den Ferien zurückkommt, steht vor einer großen Menge erntereifer Früchte. **Tomaten, Gurken** und **Zucchini** reifen in der warmen Sommerzeit sehr schnell und bescheren uns eine reiche Ernte – und damit verbundene Arbeit. Leicht überreife, dickfrüchtige Gurken eignen sich vorzüglich zur Zubereitung von **Senfgurken**. Einer leckeren Beilage, die man wie Essiggurken reichen kann.

Schutz vor ersten Nachtfrösten

Gegen die ersten Nachtfröste halten wir Vliese, Folien und Decken bereit. Bei ungünstiger Witterung ernten wir die empfindlichen Gemüsearten bereits ab.
Tomaten können als ganze Trauben an einem hellen, luftigen Ort gut nachreifen. **Paprika, Zucchini** und **Gurken** schmecken auch als kleine Früchte vorzüglich.

Jetzt beschert uns der Gemüsegarten einen reich gedeckten Tisch.

Die Beete abräumen

Gurken und Melonen im Frühbeet haben sich im Lauf des Sommers meist völlig erschöpft, so dass wir sie nach der Ernte der noch vorhandenen Früchte abräumen können.

Werden die Beete im Herbst nicht mehr benötigt, können die Ernteabfälle und Pflanzenreste gleich auf dem Beet verbleiben oder in den Boden eingearbeitet werden, wenn wir eine Gründüngung einsäen. Die freien Flächen bepflanzen wir mit Kopfsalat und Endivien, die wir sofort mit Frühbeetfenstern abdecken.

Im Freiland können wir immer noch **Feldsalat, Spinat** und **Winterpostelein** aussäen. Sie nützen die vorhandenen Nährstoffe und halten den Boden locker.

Jetzt Gründüngung einsäen

Die frei bleibenden Beete werden mit Gründüngung eingesät. Für schwere Böden eignen sich die tief wurzelnden Kreuzblütler **Sommerraps, Ölrettich** und **Senf** besonders gut.

Bereits jetzt sollten wir uns Gedanken über die Anbauplanung des folgenden Jahres machen, um keine Beete zu blockieren.

Obstgarten

Erdbeerbeete pflegen

Der Fruchtansatz der Erdbeeren im folgenden Jahr entwickelt sich jetzt im Herbst. Deshalb ist es wichtig, sie ausreichend mit Nährstoffen und Wasser zu versorgen. Wir können zu Beginn des Monats nochmals eine kräftige Kompostgabe verabreichen, die wir mit Mulch abdecken und anschließend ausgiebig wässern.

Zwischen den Erdbeerreihen können wir im Abstand von 15 × 15 cm Knoblauchzehen und Steckzwiebeln von Winterhecke-Zwiebeln stecken, die wir im folgenden Frühjahr ernten können.

Bis Mitte September entspitzen wir – falls noch nicht geschehen – die Rosenkohlpflanzen, um den Röschenansatz zu fördern.

Obst ernten und lagern

Reiche Ernte bescheren uns nun die Obstbäume. Um die Früchte einlagern zu können, müssen wir sie während der Ernte sorgfältig behandeln. Wir pflücken die Äpfel im vollreifen Zustand, wenn sie sich leicht vom Fruchtholz lösen. Dabei leisten uns Erntebeutel an langen Stangen wertvolle Dienste. Oftmals lässt es sich nicht vermeiden, zur Ernte des Obstes auf Leitern zu steigen. Vor ihrem Gebrauch unterziehen wir sie einem kritischen Blick und vergewissern uns ihrer Zuverlässigkeit.

Birnen nehmen wir bereits etwas früher ab, um sie im Lager nachreifen zu lassen.

Zum **Einlagern** verwenden wir grundsätzlich nur makelloses, gesundes Obst. Vor dem Einlagern reinigen wir die Stellagen gründlich und sorgen für gute Durchlüftung der Lagerräume. Angeschlagene oder herabgefallene Früchte können sofort verzehrt, in der Küche zügig verarbeitet oder zu köstlichem Apfel- bzw. Apfel-Birnenmost verarbeitet werden. Dabei achten wir wenn möglich darauf, dass wir in der Mosterei auch den Presssaft der von uns angelieferten Früchte erhalten.

Der September ist **der** Monat der **Zwetschgen, Pflaumen, Reineclauden** und **Mirabellen.** Da sie ihre Vollreife schnell überschreiten, bleibt oft nur die Konservierung durch Einfrieren oder das Ansetzen einer Maische.

Bei der Ernte aller Obstarten dürfen wir nicht vergessen, dass am Baum verbleibende Früchte oder liegen gelassenes Fallobst ein reich gedeckter Tisch für allerlei Tiere sind, die sich zu dieser Zeit ihren Winterspeck anfressen.

Beim Einlagern von Obst achten wir auf genügend Frischluft und Abstand zwischen den einzelnen Früchten. Angeschlagenes Obst muss man sofort verarbeiten.

(Wühl)Mäuse bekämpfen

Zu Beginn der kalten Jahreszeit wandern gerne Mäuse und Wühlmäuse in den Garten zu. Zu ihrer Bekämpfung stellen wir Fallen auf. **Wühlmäuse** halten sich besonders gerne unter einer Mulchschicht auf. Wir beobachten deshalb genau und stellen bei den kleinsten Anzeichen Fallen in die Gänge. Die Fallen dürfen nur mit Handschuhen berührt werden, um die geruchsempfindlichen Nager nicht abzuschrecken. Als Köder eignen sich Karotten- oder Kartoffelstücke.

Zuwandernde **Feldmäuse** ködern wir mit Schokoladencreme, einer für Mäuse unwiderstehlichen Leckerei.

Obstgehölze pflanzen

Für die meisten Obstgehölze ist der Herbst die beste Pflanzzeit. Für geplante Neupflanzungen können wir bereits jetzt den Boden vorbereiten, indem wir eine gute Bodenlockerung durchführen, oberflächlich Kompost einarbeiten und die vorbereitete Fläche mit Mulch bedecken.

Oktober

Der Hausbaum

Die rot blühende Rosskastanie *Aesculus* × *carnea* 'Briotii' ist eine schwächer wachsende Sorte der bekannten roten Kastanie und auch für kleinere Gärten gut geeignet.

Gehölze, vor allem Bäume, sind in unseren Gärten wichtige Elemente zur räumlichen Gliederung. Bäume gelten als Symbol des Lebens, in ihrer Nähe fühlen wir uns beschützt und geborgen. Der Frühlingsaustrieb des Laubes erfüllt uns alljährlich mit Kraft und Lebensmut. Aber auch handfeste ökologische Eigenschaften sprechen für die Pflanzung von Bäumen. Sie spenden Schatten, filtern Staub, produzieren tagsüber Sauerstoff, kühlen und befeuchten die Luft und beherbergen eine Vielzahl von Tieren.

Groß- und Kleinbäume

All diese nützlichen Funktionen lassen sich mit dem Pflanzen passender Bäume auch in unsere Gärten holen, nach dem Motto: In jeden Garten gehört ein Hausbaum. Nur die wenigsten Gartenbesitzer verfügen über genügend Platz, um Großbäume, wie Kastanien, Walnussbäume, Eschen, Eichen und Linden zu pflanzen. Aber auch Besitzer kleinerer Gärten müssen auf Bäume nicht verzichten.

Kleinbäume

Kleinbäume mit einer Höhe von acht bis zehn Metern (als ausgewachsene Exemplare) und einem Kronendurchmesser von fünf bis sechs Metern sind bestens geeignet. Der Rotdorn 'Paul's Scarlet', der Apfeldorn *Crataegus × lavallei,* die Hauspflaume, verschiedene Zieräpfel, Zierkirschen und Ahorn-Arten gehören neben vielen anderen zum reichhaltigen Sortiment der Hausbäume, die überall erhältlich sind. Eine ausführliche Beratung beim Kauf in der Baumschule klärt über die Wuchseigenschaften der verschiedenen Arten und Sorten auf.

Einen Übergang zwischen den Klein- und den Großbäumen bilden schwachwüchsige Sorten einiger Großbäume. Die rotblütige Kas-tanie 'Briotii', der Feldahorn 'Esrijk', die Winterlinde 'Greenspire' etwa werden nur ca. 15 m hoch.

Großsträucher

Andererseits ist die Grenze zwischen Kleinbäumen und großen Sträuchern oft fließend, da häufig die gleichen Arten einmal als Sträucher und einmal als Hochstämme gezogen werden.

Als reine Sträucher sind

- Haselnuss, Sanddorn, verschiedene Weiden- und Schneeball-Sorten, Holunder und Blütenhartriegel besonders großwüchsig.
- Stechpalme, Kirschlorbeer, Rhododendren und Eiben sind großwüchsige und zugleich schattenverträgliche Sträucher.
- Bekannte Blütensträucher sind Zaubernuss, Forsythie, Flieder, Zierkirschen, Zieräpfel, Duftjasmin, Magnolien, Felsenbirne, Ranunkelstrauch, Kolkwitzie, Weigelie, Strauchrosen und viele mehr.
- Torfig-sauren Boden benötigen die so genannten Moorbeetpflanzen; Rhododendren, Azaleen und Erika sind typische Vertreter.

Gehölzkauf

Beim Kauf von Gehölzen sind Größe und Qualität für das sichere Anwachsen ausschlaggebend. Durch mehrfaches Verpflanzen in der Baumschule bilden Bäume und Sträucher einen dichten, von Feinwurzeln durchzogenen Wurzelballen aus, der nach dem Roden mit so genannten Ballentüchern oder einem Maschendrahtgeflecht eingebunden und gesichert wird.

Wurzelnackte Pflanzen, d. h. solche ohne Erdballen an den Wurzeln, sind zwar preisgünstig, müssen aber zur Pflanzung an Trieben und Wurzeln stark zurückgeschnitten werden. Bei Rosen, jungen Heckenpflanzen, Wildgehölzen und Obstbäumen ist dies die übliche Handelsform.

Sträucher und Bäume werden in bestimmten Größen- und Qualitätsbezeichnungen angeboten. Diese setzen sich zusammen aus Angaben über

- die Verpflanzungshäufigkeit (2xv, 3xv, 4xv usw.),
- die Pflanzengröße in Größenstufen in Zentimetern (60–100, 100–125, 125–150, 150–200) und

Der Zierapfel *Malus × zumi* 'Prof. Sprenger' wird nur ca. 4 m hoch.

- das Vorhandensein eines Ballens (mB) bzw. eines Ballens mit Drahtgeflecht (mDB).
- Gehölze im Topf werden mit dem Kürzel Tb gekennzeichnet.
- Bei größeren Töpfen spricht der Fachmann von Containern, die entsprechende Abkürzung Co wird durch die Angabe des Containerinhalts in Litern ergänzt, z. B. Co 3 l).
- Als Solitär werden Sträucher aus extra weitem Stand bezeichnet, die mindestens drei Mal verpflanzt wurden.
- Bei Hochstämmen und Bäumen werden die Größenangaben durch das Maß des Stammumfangs ersetzt, gemessen in einem Meter Höhe. Die Bezeichnung für Obsthochstämme in üblicher Pflanzgröße lautet dann: 2xv 8-10; die nächste Größe wurde bereits

drei Mal verpflanzt und lautet: 3xv 10-12.

- Als **Hochstamm** werden Gehölze mit einer Stammhöhe von mindestens 1,80 m bezeichnet, **Halbstämme** haben mindestens 0,80 m Stammhöhe, **Spindelbüsche** (nur bei Obstgehölzen) mindestens 40 bis 60 cm Stammhöhe.

Die verpflanzfähigen Größen von Bäumen und Sträuchern werden meist durch den Geldbeutel begrenzt, da besonders große Gehölze, bedingt durch ihr hohes Alter und den durch mehrfaches Verpflanzen notwendigen Arbeitsaufwand, schnell einige tausend DM Kaufpreis erreichen. Bei fachgerechter Pflanzung und Pflege wachsen jedoch auch solche Gehölze problemlos an.

Pflanzware aus einer heimischen Baumschule ist Importen vorzuziehen, da diese Gehölze in der Region aufgewachsen sind und mit den herrschenden Klimabedingungen wesentlich besser zurechtkommen.

Laub- oder Nadelgehölz?

Die Entscheidung, ob Laub- oder Nadelgehölze gepflanzt werden sollen, unterliegt dem persönlichen Geschmack. Nadelbäume wachsen meist kegelförmig. Wenn sie eine stattliche Größe erreichen sollen, benötigen sie sehr viel Grundfläche. Laubgehölze durchlaufen einen jahreszeitlichen Wechsel, besonders beerentragende Gehölze liefern Vogelfutter. Das anfallende Laub kann kompostiert werden und ist als Mulchmaterial ein idealer Bodenverbesserer. Laubgehölze lassen sich sehr gut mit Stauden und Zwiebelblumen des Lebensbereichs Gehölz und Gehölzrand kombinieren. Leberblümchen, Schneeglöckchen, Lerchensporn, Winterling, Maiglöckchen sind einige Vertreter dieser Gruppe.

Gehölze pflanzen

Für ein schnelles Anwachsen und eine gute Weiterentwicklung ist sorgfältiges Pflanzen eine wichtige Voraussetzung. Zunächst wird ein Pflanzloch ausgehoben, das groß genug ist, um den Ballen komplett aufzunehmen. In gewachsenem Boden wird der Pflanzlochboden umgegraben. Pflanzlöcher für ballenlose Gehölze sind in der Regel weniger tief und breit genug, um den Wurzeln ausreichend Platz zu bieten. Steht das Gehölz in seiner endgültigen Position, wird das Ballentuch bzw. das Drahtgeflecht um den Stamm geöffnet, verbleibt aber im Pflanzloch am Ballen.

Aufgefüllt wird mit Mutterboden oder einer Mischung aus Mutterboden und Kompost. Bei größeren Ballen ist es wichtig, Hohlräume unter dem Ballen durch kräftiges Andrücken der Erde zu vermeiden, sonst ist das Anwachsen gefährdet. Bei größeren Pflanzlöchern wird während des Auffüllens mehrmals angedrückt. Abschließend formt man einen ringförmigen Damm für das Gießwasser.

Mit Pfahl sichern

Größere Bäume und Sträucher müssen wir nach dem Pflanzen verankern. Sträucher und Nadelgehölze werden durch einen oder

Gehölze pflanzen
Das Pflanzloch sollte ausreichend groß sein, um die Wurzeln nicht zu knicken

Durchdringendes Angießen nach dem Pflanzen ist selbstverständlich. Ein Gießrand verhindert, dass das Wasser abfließt.

Festes Anbinden mit Kokosstricken ist für ein sicheres Anwachsen wichtig.

zwei Schrägpfähle gesichert, ballenlose Halb- und Hochstämme durch einen senkrechten Pfahl im Abstand von 5 bis 10 cm zum Stamm. Ballenware wird mit zwei Pfählen, die außerhalb des Pflanzlochs eingeschlagen und mit einer Latte verbunden werden, mittig verzurrt. Größere Bäume und Stammbüsche fixiert man mit Hilfe eines Pfahlgerüsts aus drei oder vier Pfählen, die mit Latten verbunden sind.

Die Pfähle müssen mindestens 30 cm in den festen Boden eingeschlagen werden. Hochstämme binden wir 10 bis 20 cm unterhalb des Kronenansatzes an. Als Bindematerial ist ein kräftiger Kokosstrick gut geeignet. Bei einer Sicherung mit einem Pfahl steht der Pfahl in Windrichtung vor dem Stamm. Ähnlich einer Acht wird Stamm und Pfahl zwei bis drei Mal umwickelt. Diese Verbindung wird anschließend zwischen Stamm und Pfahl nochmals mehrfach senkrecht umwickelt. Dadurch entsteht eine auf Druck und Zug feste Verbindung, die trotzdem locker genug ist, um die Rinde nicht zu verletzen. Frühestens nach zwei Vegetationsperioden darf die Sicherung entfernt werden. Gelegentliches Kontrollieren der Knoten ist ratsam.

Letzter Arbeitsgang ist das Angießen. Dabei wird ausreichend und mehrmals nacheinander gewässert. Der nach dem Pflanzen angelegte Damm ermöglicht langsames Versickern des Wassers. Während der ersten Vegetationsperiode ist ständig für ein ausreichendes Wasserangebot zu sorgen, besonders an heißen und windigen Tagen. Abschließendes Mulchen der Pflanzfläche kühlt den Boden und reduziert die Wasserverdunstung.

Gehölzschnitt

Durch gezielten, fachmännischen Rückschnitt lassen sich viele Gehölze in bestimmten Größen halten. Wichtig ist dabei aber, dass die Bäume und Sträucher dabei nicht ihren Habitus, also ihre typische Wuchsform, verlieren. Regelmäßiger Schnitt fördert die Blütenbildung bei vielen Gehölzen. Bei Obstgehölzen wird durch artgemäßen Rückschnitt im Sommer und Winter der Ertrag gesichert und die Wuchsgröße gesteuert. Fachmännischer Gehölzschnitt erfordert viel Können und Erfahrung. Spezialisten können dadurch sogar schnittverträgliche Großbäume, etwa Linden, verkleinern.

Bedenken wir abschließend, dass Gehölzpflanzungen lebende Gartenbestandteile sind, die während ihrer Entwicklung die Standortbedingungen verändern. Schatten nimmt zu, verrottendes Laub verändert die Bodeneigenschaften, es entstehen windgeschützte Nischen. Durch eine Weiterentwicklung der Unterpflanzung kann man diesen Veränderungen Rechnung tragen.

Mit dem entsprechenden Schnitt behalten Ziersträucher über Jahre ihre typische Wuchsform. Auch hier gilt das Prinzip: langer Rückschnitt bewirkt starken, kurzer Schnitt einen schwachen Austrieb.

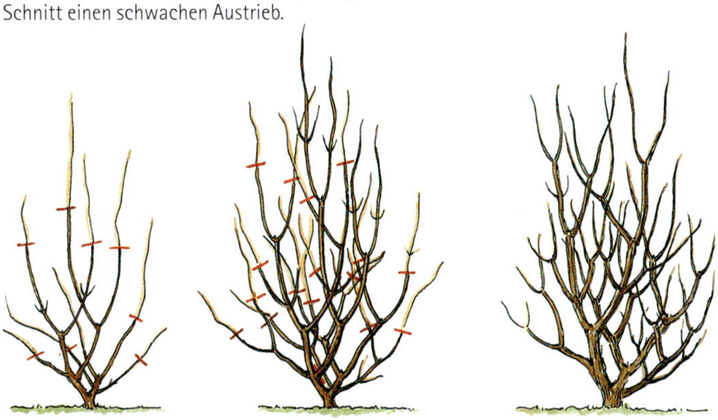

Arbeiten im Oktober

Dass sich das Gartenjahr nun seinem Ende zuneigt, ist nicht mehr zu übersehen. Trotzdem erfreut uns gerade der Oktober mit einer phantastischen Farbenpracht, die uns langsam auf die stilleren Tage des Winters einstimmt.
Im Garten schrauben wir unsere Aktivität zurück und verschieben den Herbstputz auf das kommende Frühjahr. Gerade jetzt sollten wir unseren menschlichen Ordnungssinn zurückstecken, um den Tieren und Pflanzen im Garten ihre natürlichen Überwinterungsmöglichkeiten zu erhalten.

Ziergarten

Falls noch nicht geschehen, ist immer noch genügend Zeit, um Blumenzwiebeln zu pflanzen.

Kübelpflanzen einräumen

Die Gefahr von Nachtfrösten steigt von Tag zu Tag, so dass wir bei ungünstiger Witterung unsere Kübelpflanzen sicherheitshalber an geschützte Stellen in Gebäudenähe räumen. Das Einräumen ins Winterquartier sollten wir jedoch so lange wie möglich hinauszögern. Erst wenn die Nachttemperaturen zu stark absinken, bringen wir sie in ihr Winterquartier. Zuvor werden sie ausgeputzt, zurückgeschnitten und nochmals genau auf Schädlingsbefall kontrolliert. Die etwas unempfindlicheren Gewächse, wie **Oleander, Fuchsien, Lorbeer** und manche **Zitrusgewächse** dürfen noch ein paar Tage länger die Herbstsonne genießen. Einige Kübelpflanzen vertragen auch eine dunkle Überwinterung in einem kühlen Keller oder frostfreien Abstellraum. Die meisten Kübelpflanzen werden jedoch idealerweise bei Temperaturen zwischen 3 und 10 °C an einem hellen Ort bei mäßiger Feuchtigkeit überwintert.

Zum Einräumen werden die Kübelpflanzen zurückgeschnitten.

Im Allgemeinen gilt zur Überwinterung von Kübelpflanzen und Balkonblumen der Grundsatz: Je dunkler die Überwinterung, desto kühler und trockener sollten sie stehen.

Nicht jeder Gärtner hat ein solch ideales Überwinterungsquartier für seine Kübelpflanzen.

Frostschutz für winterharte Kübelpflanzen

Winterharte Gehölze und Stauden in Kübeln leiden bei starken Frösten, wenn die Pflanzgefäße durchfrieren. Wir räumen sie deshalb in eine windgeschützte Ecke am Haus und packen die Kübel in einen Mantel aus Laub oder Stroh ein, oder wir umstellen die Töpfe mit Styroporplatten.

Wie lassen sich Kübelpflanzen überwintern?

Deutscher Name	Botanischer Name	Licht	Temperatur	Feuchtigkeit	Bemerkung
Kapmalve	*Anisodontea capensis*	hell	5–10 °C	trocken	auf Weiße Fliege achten
Strauchmargerite	*Argyranthemum frutescens*	hell	5–10 °C	trocken	
Bougainvillee	*Bougainvillea*-Arten	hell	2–10 °C	trocken	
Engelstrompete	*Brugmansia*-Arten	hell oder dunkel	5–10 °C	trocken	beim Einräumen nicht zu stark zurückschneiden, im Dunklen kühler stellen
Gewürzrinde	*Cassia didymobotrya*	hell	10–15 °C	trocken	
Orangen, Zitronen	*Citrus*-Arten	hell	5–15 °C	trocken	Trockenheit fördert die Blütenbildung
Korallenstrauch	*Erythrina crista-galli*	dunkel	2–10 °C	trocken	von Oktober bis April nicht gießen
Echte Feige	*Ficus carica*	hell oder dunkel	2–10 °C	trocken	kann bis zum Austrieb dunkel stehen; ausgepflanzt bis –10 °C winterhart
Fuchsien	*Fuchsia*-Sorten	hell	5–10 °C	mäßig feucht	
Roseneibisch	*Hibiscus rosa-sinensis*	hell	10–15 °C	mäßig feucht	Überwinterung am besten in der Wohnung
Palisander	*Jacaranda mimosifolia*	hell oder dunkel	10–15 °C	mäßig feucht	im Dunklen kühler stellen
Wandelröschen	*Lantana camara*-Sorten	hell	8–10 °C	mäßig feucht	
Lorbeer	*Laurus nobilis*	Hell oder dunkel	2–6 °C	mäßig feucht	im Dunklen kühler stellen
Myrte	*Myrtus communis*	hell	2–10 °C	mäßig feucht	
Oleander	*Nerium oleander*	hell	2–10 °C	mäßig feucht	Helligkeit fördert die Blütenbildung
Geranien	*Pelargonium*-Sorten	hell	5–10 °C	trocken	
Dattelpalme	*Phoenix canariensis*	hell	5–10 °C	trocken	Blätter mit einer starken Schnur zusammenbinden
Bleiwurz	*Plumbago auriculata*	hell oder dunkel	5–10 °C	mäßig feucht	
Enzianbaum, Solanum	*Solanum rantonnetii*	hell	5–10 °C	mäßig feucht	kühle Überwinterung fördert den Blütenansatz
Prinzessinnenblume	*Tibouchina urvilleana*	hell	5–15 °C	mäßig feucht	liebt sauren Boden, zu später Rückschnitt verzögert die Blüte
Hanfpalme	*Trachycarpus fortunei*	hell	0–10 °C	trocken	ausgepflanzt bis ca. –10 °C winterhart
Palmlilie	*Yucca elephantipes*	hell	5–10 °C	trocken	

Als Frostschutz für winterharte Kübelpflanzen sind auch Kokosmatten geeignet.

Balkonblumen überwintern

Wollen wir unsere Balkonblumen überwintern, so nehmen wir die Kästen ab, schneiden die Pflanzen zurück und bringen sie ins Überwinterungsquartier. Dies lohnt sich bei *Acalypha*, **Strauchmargerite, Blauer Mauritius, Hornklee, Geranien, Fuchsien, Kapaster**, Knollen von **Knollenbegonien**. Geranien wollen beim Überwintern eher trocken stehen.

Herbstlicher Blumenschmuck

Der Fachhandel bietet eine reiche Auswahl für den herbstlichen Blumenschmuck, wobei der Schwerpunkt auf buntblättrigen Pflanzen liegt; sie werden auch als Strukturpflanzen bezeichnet. Rotblättriger **Günsel**, rot- und gelbgefleckter **Salbei**, silberblättrige **Taubnessel** und **Beifuß**-Arten lassen sich sehr gut mit blauem **Herbstenzian**, gelbbrau-

Auch für den Herbstschmuck gibt es eine reiche Auswahl an Balkonblumen.

nen Herbstchrysanthemen und den verschiedenen Blütenfarben der Eriken kombinieren. Weißgrün gestreifte Seggen bringen die gedämpften Herbstfarben zum Leuchten.

Dahlien und Canna überwintern

Da die Knollenbildung der Dahlien erst bei den kürzer werdenden Tagen einsetzt, warten wir mit dem Einräumen, bis nach den ersten starken Frösten die Triebe erfroren sind. Wir räumen Dahlien und *Canna* ab, indem wir die Triebe bodeneben abschneiden, die Wurzelballen ausstechen und nur grob die Erdballen entfernen (abschütteln). Die an den Wurzeln verbleibende Erde dient als Feuchtespender. Zum Überwintern bringen wir sie in einen kühlen aber frostfreien Raum.

Nach den ersten Frösten nehmen wir die Dahlienknollen aus dem Boden.

Sommerblumen abräumen

Die erfrorenen Sommerblumen werden abgeräumt und machen Platz für die zweijährigen **Stiefmütterchen**, *Bellis* und **Vergissmeinnicht**. Flächen, die nun brach liegen, werden mit einer Decke aus Falllaub oder Grasschnitt vor dem Winterwetter geschützt.

Herbstpflege im Staudenbeet

Die Staudenbeete erfahren einen letzten Pflegedurchgang. Dabei entfernen wir Unkraut und kranke Pflanzenteile. Zwischen den Pflanzen lockern wir den Boden oberflächlich mit einer Grabgabel, um ihn dann mit einer Mulchdecke aus Grasschnitt oder Laub in den Winterschlaf zu entlassen. Neben den noch blühenden Herbststauden lassen wir alle **Gräser** und Fruchtstände den Winter über stehen und vermeiden die winterliche Langeweile abgeräumter Staudenbeete.

Im Herbst erstrahlen die hohen Staudengräser in ihrer vollen Schönheit.

Gehölze und Rosen pflanzen

Wenn das Laub fällt, beginnt die Pflanzzeit für Gehölze und Rosen. Bis zum Winter können sie noch einwurzeln und entwickeln sich im folgenden Frühjahr schneller und kräftiger als bei einer Frühjahrspflanzung. Zu starke Pflanzschnitte vermeiden wir bei der Herbstpflanzung, da sonst die Gefahr von Frostschäden besteht. Erst im Frühjahr schneiden wir die im Herbst gepflanzten Gehölze endgültig auf die empfohlene Augen- und Triebanzahl zurück.

Stauden pflanzen

Stauden pflanzen wir nur noch am Anfang des Monats, da sie bei stärkeren Frösten bereits im November hochfrieren und dann schnell vertrocknen können.

Gemüsegarten

Solange wie möglich lassen wir die Herbst- und Wintergemüse auf dem Beet stehen. Vor stärkeren Frösten schützen wir sie mit einer nächtlichen Vliesauflage. Lauch, der vorerst noch auf dem Beet verbleiben soll, kann durch kräftiges Anhäufeln vor zu starken Frösten geschützt werden.

Rhabarber teilen

Nachdem der Rhabarber seine Blätter einzuziehen beginnt, können große Pflanzen geteilt und neu aufgepflanzt werden. Dazu werden die Blattstiele knapp über dem Boden abgeschnitten und die Wurzelstöcke mit großen Ballen ausgegraben. Nach dem Aballieren können wir sie mit kräftigen Spatenhieben teilen. Dabei achten wir darauf, dass immer genügend Knospen an den Teilstücken verbleiben.
Zur Neupflanzung lockern wir den Boden tiefgründig und reichen ihn mit etwas Kompost an. Nach der Pflanzung wird die Fläche mit Grasschnitt oder Herbstlaub gemulcht.

Wurzelgemüse ernten und lagern

Wurzelpetersilie und andere können wir nach der Ernte küchenfertig in kleinen Portionen als Suppengrün einfrieren.
Um Wurzelgemüse schonend zu lagern, schlagen wir es in eine Kiste mit Sand ein, die wir in der Garage oder im Keller aufstellen. Wunden verletzter Schwarzwurzeln werden schnell vom Milchsaft verschlossen. Alle anderen eingelagerten Gemüsearten müssen wir dagegen ständig kontrollieren und schadhafte Pflanzenteile sofort enrfernen.

Kulturen im Frühbeet

Kopfsalat, Endivien und **Zuckerhut** im Frühbeetkasten entwickeln sich schneller, wenn wir nun die Frühbeetfenster auflegen und nur noch bei Bedarf lüften. Wie im Frühjahr, halten wir auch jetzt Frostschutzmatten gegen zu starke Fröste bereit. Haben wir die Gurken und Tomaten aus dem Gewächshaus geräumt, ist Platz für **Spinat, Feldsalat** und **Postelein.** Diese können im ungeheizten Gewächshaus auch noch ausgesät werden. Mit einer Vliesauflage lässt sich ihre Entwicklung beschleunigen.
Bei sonnigem Wetter müssen wir ausreichend lüften, um Pilzkrankheiten wie Grauschimmel zu vermeiden.
Warme Frühbeete und Gewächshäuser locken **Mäuse** an, die sich dann an unseren Gemüsen laben. Rechtzeitiges Fallenstellen schafft Abhilfe (siehe Seite 84).

Kräuter und Gewürze für den Winter

Zum späteren Antreiben stechen wir gut entwickelte Schnittlauchpflanzen aus und topfen sie in große Blumentöpfe ein. Wir können sie im Winter in der Küche antreiben. Frostempfindliche Gewürze, wie **Boretsch, Dill, Basilikum** usw., werden abgeerntet, küchenfertig zubereitet und eingefroren.

Obstgarten

Ernte der Spätsorten

Die Obsternte ist immer noch in vollem Gange. Auch bei den später reifenden Sorten nehmen wir nur die gut ausgereiften Früchte ab. Die zu erwartenden Fröste werden von den Früchten gut vertragen, so dass keine übermäßige Eile notwendig ist. Jeder Tag, den das Obst länger am Baum verbringt, steigert die Qualität und die Haltbarkeit.

Schadhafte Früchte können wir als Vogelfutter an den Bäumen belassen. Auch Fallobst kann zunächst liegen bleiben, es bietet vielen Tieren noch eine kräftige Mast vor den langen, hungrigen Wintermonaten. Wir lagern nur makellose und gesunde Früchte ein. Dabei achten wir darauf, dass die Früchte nicht übereinander, sondern nur einschichtig mit etwas Seitenabstand nebeneinander liegen. Für die Haltbarkeit des Obstes ist eine ständige Belüftung entscheidend, um das von den Früchten produzierte Reifegas Äthylen abzuführen.

Obstgehölze pflanzen

Für Neupflanzungen ist immer noch ausreichend Zeit. Wir verfahren dabei wie ab Seite 118 beschrieben. Auch bei Obstgehölzen führen wir jetzt nur einen provisorischen Pflanzschnitt durch. Der eigentliche Pflanzschnitt erfolgt erst im nächsten Frühjahr.

Lagerfähigkeit wichtiger Obstsorten

Sorte	Pflückreife	Lagerfähigkeit	Bemerkung
Äpfel			
'Alkmene'	mittel	bis Dezember	auch auf schwachen und mittelstarken Unterlagen
'Ananasrenette'	spät	bis Februar	gutes Aroma, robuste Sorte
'Berlepsch'	mittel-spät	bis März	sehr aromatisch, wenig schorf- und mehltauanfällig
'Boskoop'	spät	bis März	guter Backapfel, Blüte spätfrostgefährdet
'Brettacher'	spät	bis Mai	liebt warmes Klima, hohe Erträge
'Elstar'	mittel-spät	bis Februar	sehr guter Geschmack, schorfanfällig
'Florina'	spät	bis Dezember	feines Aroma
'Gloster'	spät	bis April	anfällig für Krebs und Schorf
'Jakob Fischer'	früh	bis September	robuste, frühe Sorte
'James Grieve'	früh	bis Oktober	krebs- und stippeanfällig
'Ontario'	spät	bis April	gute Lagerfrucht, feines Aroma, druckempfindlich
'Retina'	früh	bis September	kurz vor Vollreife ernten, schorfresistent
Birnen			
'Alexander Lucas'	spät	bis Dezember	frühblühend, ertragreich, robust
'Conference'	mittel	nein	auch für raue Lagen, hohe Erträge
'Frühe von Trévoux'	früh	nein	auch für raue Lagen
'Gellerts Butterbirne'	mittel	nein	auch für raue Lagen, starkwächsig
'Gräfin von Paris'	spät	bis Januar	Eßreife nach 6-8 Wochen, frühblühend, wärmeliebend
'Köstliche von Charneu'	mittel-spät	4-6 Wochen	auch für raue Lagen, schorfanfällig, robust
'Madame Verté'	spät	bis Januar	Essreife ab Dezember, robust
'Williams Christ'	früh-mittel	nein	gut zur Schnapsherstellung

Leimringe anbringen

Vorbeugend werden jetzt Leimringe gegen **Frostspanner** an den Stämmen der Obstbäume angebracht. Zunächst reinigen wir die Borke von lockeren Teilen mit einer Drahtbürste. Anschließend binden wir die beleimten Papierstreifen mit Draht so fest, dass kein Zwischenraum zwischen Leimring und Borke entsteht. Die Leimringe sind fertig bestrichen im Handel erhältlich.

Leimringe schützen unsere Obstbäume gegen die wandernden Frostspanner.

November

Boden und Kompost

Ein gesunder Boden ist ein komplizierter Organismus und bedarf fürsorglicher Pflege.

Die Gesunderhaltung seines Bodens sichert dem Gärtner hohe Erträge und Freude an gesunden Pflanzen im Garten. Das wichtigste Mittel zur Erhaltung und Steigerung der Bodenfruchtbarkeit ist eine ausgiebige Bodenpflege mit sinnvoller Bearbeitung zur richtigen Zeit.
Hohe Bodenfruchtbarkeit entsteht durch das optimale Zusammenspiel der physikalischen, chemischen und biologischen Eigenschaften des Bodens. Wasser- und Lufthaushalt, Struktur und Farbe sind physikalische Eigenschaften, pH-Wert und Nährstoffgehalt die wichtigsten chemischen, und das Bodenleben bestimmt die biologischen Eigenschaften.

Die Bodenarten

Ausgehend von unterschiedlichen Untergrundgesteinen und unter verschiedenen Klimabedingungen entstanden im Laufe der Zeit verschiedene Bodenarten aus dem verwitterten Gestein, darunter Ton-, Schluff- und Sandböden, als die wichtigsten. Im gewachsenen Boden kommen sie in jeder Schicht in verschiedener Zusammensetzung vor. Von Lehm spricht man bei etwa gleichen Anteilen Ton, Schluff und Sand. Aus diesen Bodenarten lassen sich mit den richtigen Methoden gute und sehr gute Gartenböden aufbauen. Dazu ist es wichtig, den »Organismus« Boden zu kennen.

Bodenbestandteile sind:
ca. 25 % Luft, 25 % Wasser,
45 % mineralische und
5 % organische Substanz.

Der Humus

Für uns Gärtner ist die **organische Substanz** besonders wichtig. Sie besteht zum größten Teil aus Humus (ca. 85 %) sowie Pflanzenwurzeln (ca. 10 %) und (ca. 5 %) Bodenlebewesen, wie Milben, Bakterien, Insekten, Pilze, Algen, Regenwürmern und vielen weiteren.
Bodenpflege und Bodenbearbeitung zielen im wesentlichen nur darauf ab, die Lebensbedingungen für diese Bodenlebewesen zu verbessern bzw. zu erhalten. Bodenflora und Bodenfauna bewerkstelligen den Abbau pflanzlicher Reste und anderer organischer Substanzen zu pflanzenverfügbaren Nährstoffen (die so genannte Mineralisierung) und den Umbau zu wertvollen Humusstoffen (Humifizierung). Dazu benötigen sie Sauerstoff, den sie zu CO_2 veratmen. Neben ei-

Sand, Kompost und Gesteinsmehle sind wichtige Bodenhilfsstoffe.

nem ausreichenden Nährstoffangebot ist deshalb die Luftversorgung der Bodenlebewesen sehr wichtig.

Der pH-Wert

Eine nicht unwesentliche Rolle bei der Bodenentwicklung spielt der pH-Wert. Er ist die Maßzahl für die so genannte Wasserstoff-Ionen-Aktivität im Boden. Neben der Verfügbarkeit der einzelnen Nährstoffe beeinflusst der pH-Wert auch die Humusbildung und die Entwicklung mancher Krankheiten (Kohlhernie).
Böden werden von sauer über neutral bis alkalisch bewertet. Für uns Gärtner gilt, dass leichte, humose Böden einen pH-Wert um 5,5 und schwere Lehm- und Tonböden einen pH-Wert um 6,5 haben sollten. Gelegentliches Überprüfen bei der Bodenanalyse ist ratsam. Durch Zugabe von Torf oder sauer wirkenden Mineraldüngern wie schwefelsaurem Ammoniak wird der pH-Wert abgesenkt. Kalk und kalkhaltige Düngemittel sowie hartes Gießwasser erhöhen den pH-Wert.
Es ist einfacher, den pH-Wert anzuheben als ihn abzusenken. Deshalb dürfen Kalkgaben nur nach einer Messung des pH-Wertes erfolgen.

Von der Krümelbildung zur Bodengare

Das Artenspektrum der Bodenlebewesen verändert sich mit zunehmender Bodentiefe sehr stark, da sich die einzelnen Arten an veränderte Bodenfeuchte, Sauerstoffgehalt und Wärme angepasst haben und unter jeweils spezifischen Bedingungen ihr Optimum finden. Lockere, krümelige Böden erfüllen diese Anforderungen am besten. Durch geeignete Bodenbearbeitung und Düngung können wir die Krümelbildung fördern. Langfristig stabile Bodenkrümel entstehen jedoch nur durch so genannte Kalkbrücken bei ausreichender Kalkversorgung (Bodenuntersuchung!) und die Tätigkeit der Bodenorganismen durch Schleimausscheidungen und Durchwucherung mit Pilzfäden. Hat der Boden einen idealen Zustand erreicht, sprechen wir von **Bodengare**.

Bodenbearbeitung

Die verschiedenen Methoden der Bodenbearbeitung teilen wir in zwei Gruppen ein, die wendenden und lockernden Techniken.

Der Regenwurm ist ein wichtiger Helfer bei der Humusbildung.

Wendende Bodenbearbeitung, wie Umgraben und Pflügen, bei denen das Unterste nach oben gekehrt wird, sind nur bei extrem schweren Böden und auch dort nur zu Beginn der Bewirtschaftung sinnvoll. Traditionell werden diese Arbeiten im Herbst durchgeführt. Das damit beabsichtigte Zerfrieren der groben Bodenschollen endet in der Regel in der völligen Zerstörung der wichtigen Bodenkrümel. Die Bodenlebewesen werden vernichtet und die noch vorhandenen Nährstoffe in den Untergrund ausgewaschen.

Wesentlich schonender ist eine **flache Bodenlockerung** unmittelbar vor der Neubestellung. Sollen Ernterückstände, Gründüngung, Kompost und Mistgaben den Boden verbessern, dürfen sie nicht zu tief in den Boden gelangen – maximal 15 cm –, da in den tieferen Schichten zu wenig Sauerstoff für eine Umsetzung vorhanden ist. Bei entsprechend schweren Bodenverhältnissen kann dies auch im Herbst erfolgen, bei leichten, sandig-humosen Böden erst im Frühjahr. Eine schonende **Tiefenlockerung** des Bodens wird mit einem Grubber oder einem Sauzahn erreicht.

Jede Form der Bodenbearbeitung, insbesondere mit Maschinen, darf nur bei idealer Bodenfeuchte durchgeführt werden. Zu nasse Böden verkleben und verklumpen, zu trockene Böden zerfallen. Langjährige Arbeit kann durch einen falschen Arbeitsgang zunichte gemacht werden.

Der Sauzahn ist ein unentbehrliches Gartengerät zur Bodenlockerung. Mit ihm wird der Boden nur gelockert, nicht gewendet.

Der **Sauzahn** ist ein stabiles Handgerät, während **Grubber** Anbaugeräte für Traktoren sind und sich nur für den großflächigen Einsatz eignen. Ihr Einsatz empfiehlt sich besonders auf Neubaugrundstücken, wo durch Baugeräte starke Untergrundverdichtungen entstanden sind. Bei ausreichender Tiefenlockerung bilden unsere Pflanzen viel Wurzelmasse aus und erschließen sich tiefer liegende Wasser- und Nährstoffvorräte. Weiteres zu Bodenbearbeitungsgeräten finden Sie auf Seite 137.

Zur Vorbereitung eines Pflanz- oder Saatbeetes genügt flaches Graben mit der Grabgabel oder leichtes Hacken. Abgezogen bzw. eingeebnet wird das Beet am besten mit einem Holzrechen.

Mulchen

Haben wir durch die entsprechende Bodenbearbeitung einen krümeligen Boden erhalten, gilt es nun, diesen langfristig zu erhalten. Permanente Bodenbedeckung durch Bewuchs oder Mulch entspricht dem natürlichen Bodenzustand und erhält die krümelige Struktur. Selbst leichter Unkrautbewuchs ist besser als kahler Boden. Lässt es die Kultur zu, sollte unmittelbar nach dem Pflanzen eine Mulchschicht aufgebracht werden.

Vereinzelt bietet der Fachhandel so genanntes Mulchpapier an. Dabei handelt es sich um ein Krepppapier mit in verschiedenen Abständen vorgestanzten

Tipp

Eine Mulchabdeckung oder eine aufwachsende Gründüngung schützt unseren Gartenboden vor der extremen Winterwitterung. Zur Vernässung neigende Böden dürfen nur mit einer dünnen Mulchschicht abgedeckt werden. Auch Kompostgaben sollten immer mit Mulch abgedeckt werden.

Pflanzlöchern. Die einfache Handhabung macht es zu einem idealen Gartenhelfer. Nach einer Kulturperiode kann es untergegraben oder kompostiert werden.

Eine Zwischensaat mit Erdklee, einer zwergwüchsigen, nicht winterharten Klee-Art, schließt den offenen Boden besonders schnell bei den Gemüsehauptkulturen, die lange Zeit benötigen, um ihn mit ihren großen Blättern zu beschatten. Eine dünne Schicht aus Rasenschnitt (bis 3 cm) ist ebenfalls bestens als Mulch geeignet.

Gründüngung

Werden einzelne Beete abgeerntet, kann eine Nachkultur wie Feldsalat oder Spinat die frei gewordenen Flächen schnell wieder decken. Sind zusätzlich Flächen frei, empfiehlt sich eine Gründüngung als Bodendecke. Die **Gründüngung** wird in den Fruchtwechsel einbezogen. Demzufolge dürfen keine Pflanzenarten der gleichen Familie aufeinander folgen.

Tief wurzelnde Gründüngungspflanzen sind die Kreuzblütler Ölrettich, Senf- und Sommerraps. Sie dürfen nicht vor oder nach Kohl und Rettich, ebenfalls **Kreuzblütler**, angebaut werden. Ackerbohnen, Kleearten, Felderbsen, Wicken und Lupinen sind **Schmetterlingsblütler** wie Bohnen und Erbsen. Der Bienenfreund *Phacelia* ist bestens geeignet, da keine bei uns angebaute Gemüseart mit ihm verwandt ist. Vor einer Gartenneuanlage kann auch ein Gemenge verschiedener Gründüngungspflanzen zur Belebung des Bodens beitragen. Bei der Auswahl der Gründüngungspflanzen empfiehlt es sich, einjährige, nicht winterharte Arten zu verwenden. Um ein Verwildern zu vermeiden, wird die Gründüngung bereits vor der Blüte eingearbeitet. Ist noch genügend Zeit, kann ein zweiter Satz ausgesät werden. Nicht vergessen: Auch Gründüngungspflanzen benötigen Düngung.

Torf und Torfersatz

Weder als Mulchmaterial noch als Bodenverbesserer ist Torf geeignet. Außer in Moorbeeten sollte im Garten möglichst ganz auf Torf verzichtet werden. Mehrjährig kompostierter Rindenhumus kann Torf sehr gut ersetzen, seine gröberen Bestandteile erhöhen die Luftführung und sichern somit die Struktur des Bodens. Rohe Rinde direkt aus dem Wald oder dem Sägewerk ist als Mulchmaterial nur in älteren Gehölzpflanzungen geeignet, denn die darin enthaltenen Harze und Gerbstoffe gefährden die meisten Gartenpflanzen.

Der Komposthaufen

Ein seit alters her bestens bewährtes Bodenverbesserungsmittel ist Kompost. In jedem Garten gibt es einen schattigen, windgeschützten Platz für einen Komposthaufen. Laub, Gartenabfälle, Heckenschnitt, Küchenabfälle, Rasenschnitt, Mist von Haustieren, samenlose Unkräuter und Gemüsereste werden darin zu kostengünstigem Pflanzendünger mit besten Nebenwirkungen umgewandelt.

Kompostbehälter

Verschiedene Hersteller bieten Kompostbehälter an. Bei ihrem Einsatz ist darauf zu achten, durch grobes Kompostmaterial schichtenweise für eine ausreichende Belüftung zu sorgen. Bentonitmehl speichert die frei werdenden Nährstoffe. Kompostbehälter sparen Platz, der Kontakt zu Mutterboden erleichtert die Besiedlung mit Bodenlebewesen.

Bereits nach wenigen Monaten kann Kompost als Rohhumus gedüngt werden. Nach mehrmaligem Umsetzen entsteht wertvoller **Reifekompost**, den wir zur Bodenverbesserung und zum

Der Handel bietet verschiedene Kompostbehälter an. Die Kaufentscheidung ist auch vom verfügbaren Platz abhängig.

Mischen verschiedener Erden verwenden können.

Der verantwortungsbewusste Gärtner meidet Komposte unbekannter Herkunft und Inhaltsstoffe in seinem Garten. Komposte öffentlicher Kompostieranlagen enthalten mitunter Schwermetalle, besonders Klärschlammkompost.

Grasschnitt muss auf dem Komposthaufen gleichmäßig verteilt werden

Wie wird kompostiert?

Wichtig ist eine gute Durchmischung des Kompostgutes beim Einbringen und während der Kompostierung. Eine schwer verrottbare Schicht aus Hecken- oder Strauchschnitt bildet die Basis und sorgt für ausreichende Luftzufuhr. Darauf folgen abwechselnd verschiedene Schichten von Kompostmaterial. Mehrere etwa 5 cm starke Schichten aus Gartenerde zwischendurch beschleunigen die Rotte. Der Haufen sollte nicht breiter als 1,5–2,0 m und nicht höher als 1,0–1,5 m aufgeschichtet werden. Hat der Haufen seine Größe erreicht, wird er mit Erde, Stroh oder Grasschnitt abgedeckt. Als Schattenspender eignen sich Kürbis und Zucchini, die auf den Komposthaufens gesetzt werden.

Fleischabfälle und Knochen, Holzasche, Papierabfall, kranke Pflanzenteile, Wurzelunkräuter, Speiseöle und -fette, Orangen- und Mandarinenschalen gehören nicht auf den Kompost.

Tipps aus der Praxis

Wurde hauptsächlich holziges Material aufgeschichtet, sollte eine schwache Düngung mit Hornmehl erfolgen.

- Fein gemahlene Mineralmehle erhöhen den Gehalt an Spurennährstoffen.
- In trockenen Jahren benötigt der Komposthaufen gelegentliches Wässern.
- Mit Kalkgaben sollte man eher vorsichtig sein.
- Ein- bis zweimaliges Umsetzen pro Jahr beschleunigt die Rotte und sorgt für optimale Kompostierung.
- Gehen unangenehme Gerüche von unserem Komposthaufen aus, hat sich durch Sauerstoffmangel Fäulnis entwickelt. Dann hilft nur noch ein Umsetzen unter Zugabe von Bentonitmehl und trockenem Material zur Belüftung.
- Besonders fein zerkleinertes, krautiges Kompostmaterial benötigt eine ausreichende Luftversorgung. Deshalb wird es als dünne Schicht gleichmässig auf dem Haufen verteilt.
- Kalk ist nur vorsichtig zu geben, Kalkstickstoff gehört nicht auf den Kompost!

Arbeiten im November

Mit dem ersten Schnee und kräftigen Frösten stimmt uns der Nebelmonat November auf die ruhige Winterzeit ein. Die Tage werden kürzer, und nach getaner Gartenarbeit zieht es uns in die warme Stube.

Immergrüne Gehölze leiden durch die Wintersonne. Zu ihrem Schutz eignen sich Vliese, Schilf- und Kokosmatten.

Ziergarten

Letzte Rasenpflege vor dem Winter

Die Rasenfläche mähen wir letztmalig im Jahr; wir erhalten damit nochmals Mulchmaterial für offene Bodenflächen.
Wenn die letzten Blätter gefallen sind, säubern wir die Rasenfläche von Laub, das wir ebenfalls zum Mulchen verwenden oder kompostieren.

Raureif stimmt uns auf die besinnliche Adventzeit ein.

Letzte Pflanzmöglichkeit

Bei offenem Boden ist immer noch Zeit, um Gehölze, Heckenpflanzen und Rosen zu pflanzen. Für Stauden ist es jetzt bereits zu spät. Wir schlagen sie im Frühbeet ein und pflanzen im Frühjahr.
Vor den starken Frösten müssen auch die letzten Blumenzwiebeln in den Boden. Sie müssen für einen schönen Blütenflor noch kräftig einwurzeln können.
Nun ist es auch höchste Zeit, Wasserhähne und die automatische Bewässerung abzusperren und zu entwässern – eine Arbeit, die immer wieder vergessen wird und zu äußerst unangenehmen Leitungsschäden führen kann. Wasserführende Armaturen erleiden leicht feine Haarrisse, die erst im Frühjahr entdeckt werden. Die Wasserhähne bleiben nach dem Entwässern der Leitungen offen.

Für Winterschutz sorgen

Immergrüne Gehölze

Besonders immergrüne Pflanzen und Gehölze, wie **Rhododendron** und **Kirschlorbeer**, erleiden unter der Wintersonne schnell Trockenschäden. Da sie an milden Tagen assimilieren und damit Wasser verbrauchen, werden sie mehrmals reichlich gegossen. Zu ihrem Schutz decken wir sie locker mit Fichtenreisig oder einer Lage aus Gartenvlies ab.
Vliese müssen dabei unbedingt windfest gesichert werden. Falls die übliche Sicherung mit Backsteinen oder kleinen Erdhaufen nicht ausreicht, können wir Schnüre über die Vliese spannen, die wir mit Zeltheringen am Boden befestigen.

Steingartenpflanzen

Auch alpine Stauden im Steingarten und an der Trockenmauer freuen sich über einen winterlichen Sonnenschutz. Sie sind an ihren Naturstandorten durch mächtige Schneehaufen vor Frost und Sonne geschützt. Empfindlichen Alpine schützen wir mit aufgelegten Frühbeetfenstern oder Plexiglasscheiben vor den Winterniederschlägen.
Ein Gartenvlies schützt die Pflanzen vor hohen Temperaturschwankungen und damit vor dem gefürchteten Auswintern bei Kahlfrösten. Unter Auswintern versteht der Fachmann schnelles, oberflächliches Auftauen stark gefrorener Pflanzenteile durch die Morgensonne. Schon eine zarte Schneedecke schützt unsere Pflanzen sicher davor. Neben Schutz vor zu großer Kälte können wir mit einer einfachen Schattierung Abhilfe schaffen.

Das nur bedingt winterharte Pampasgras schützen wir mit einem dicken Laubmantel.

Rosen winterfest machen

Bei den Rosen nehmen wir zu lange, störende Triebe etwas zurück, alle anderen Triebe lassen wir stehen. Flach gepflanzte Rosen müssen angehäufelt werden. Eine dicke Auflage aus Falllaub oder verrottetem Mist schützt ebenfalls vor der Winterkälte.

Hochstammrosen einwintern

Da Hochstammrosen ihre Kronenveredlung außerhalb des Erdbodens haben, müssen sie besonders behandelt werden, um keine Winterschäden zu erleiden.
Hochstammrosen lassen sich in jungen Jahren auf den Boden herunterbiegen. Die Veredlungsstelle am Kronenansatz bedecken wir dann mit einigen Schaufeln Gartenerde. Die Rosenstämme dürfen nur über die Veredlungsstelle gebogen werden, nicht entgegengesetzt, da sonst die Gefahr besteht, dass die Veredlungsstelle ausreißt und abbricht. Ältere Rosenhochstämme darf man nicht mehr umbiegen, ihre Stämme sind schon zu steif. Bei ihnen binden wir als Kälteschutz einen kräftigen Strohbüschel um die Veredlungsstelle und sichern diesen am Stützpfahl.
Falls noch nicht erledigt, machen wir unsere Staudenbeete winterfest (siehe Seite 122).

Schutz für das Pampasgras

Eine besondere Behandlung benötigt das Pampasgras. Es ist oft nicht ausreichend winterhart. Wir nehmen den Blätterbüschel hoch und binden ihn schopfartig zusammen. Seitlich schieben wir einen dicken Laubwulst unter die Blätter. Als zusätzlichen Schutz binden wir eine Strohmatte hutähnlich über den Blätterschopf. Die stellt nicht nur eine zusätzliche Isolierung dar, sondern dadurch wird auch Regenwasser nach außen abgeleitet.
Wie das Pampasgras so sind auch einige andere Stauden in nassen Wintern stark gefährdet. In Staudenkatalogen sind diese mit einem Dachsymbol gekennzeichnet. **Gartenchrysantheme**, **Steppenkerze** *(Eremurus)*, **Pfahlrohr** *(Arundo donax)* und gefüllt blühende **Staudenmageriten** gehören dazu. Bereits bei der Pflanzung ist dies zu bedenken. Sie finden ihren idealen Standort im Regenschattenbereich einer Hauswand oder eines Balkons.

Winterschutz im Gartenteich

Um kälteempfindliche Seerosen vor Frost zu schützen, entnehmen wir sie jetzt aus dem Gartenteich und überwintern sie in einer Plastikwanne im Keller.
Abgestorbenes **Schilf** und **Röhricht** lassen wir den Winter über im Teich stehen. Die hohlen Stängel wirken wie Strohhalme und versorgen die Tiere im Teich auch bei einer dicken Eisdecke ausreichend mit Luft.

Falllaub entfernen

Falllaub sollten wir regelmäßig von der Wasseroberfläche abfi-

Ein Laubhaufen ist der ideale Überwinterungsort für Kleintiere.

schen, da es Nährstoffe in den Teich einbringt, die das Algenwachstum beschleunigen. Ist das Laub erst einmal auf den Teichgrund abgesunken, lässt es sich ohne größeren Schaden nur noch schwer aus dem Teich entfernen. Derartige Putzaktionen werden ausschließlich im späten Frühjahr vor dem erneuten Austrieb der Wasserpflanzen durchgeführt, um das empfindliche Ökosystem eines kleinen Gartenteiches nicht zu gefährden.

Spätestens jetzt müssen wir an Kleintiere und Insekten denken und ihnen sichere Überwinterungsmöglichkeiten schaffen. Ein Reisighaufen, teilweise mit Laub überschüttet, ist ein einladendes Überwinterungsquartier für Igel, Blindschleichen, Eidechsen und allerlei nützliche Insekten. Wenn wir uns im Sommer über ihre nützliche Hilfe müssen wir ihnen auch im Winter einen Unterschlupf gewähren.

Gemüsegarten

Gemüse ernten und lagern

Jetzt wird es doch Zeit, die letzten Gemüse im Freiland zu ernten. zusammen mit einer Mulchschicht belassen wir die Ernteabfälle als Gründünger auf dem Beet, oder kompostieren sie auf dem Komposthaufen.

Einschlag

Haben wir noch etwas Platz im Frühbeet oder Gewächshaus, können wir **Lauch**, **Chinakohl** und **Zuckerhut** dort einschlagen. Andernfalls eignen sich viele Gemüse zum Einfrieren, einer besonders schonenden Konservierungsmethode, die die Frische und Vitamine erhält.

Andernfalls schützen wir sie mit einer Vliesauflage, die wir entlang der Beetränder mit Erde beschweren. Ebenso können wir mit Federstahlstäben, die wir als Bogen über die Beetbreite feststecken, kleine Tunnels bauen, die wir mit Vlies oder Lochfolie überspannen. Auch im Frühjahr leisten die Federstahlstäbe gute Dienste als Unterbau unter kleine Folientunnels bei der Verfrühung unseres Gemüses.

Lagerung in der Erdmiete

Eine altbewährte Lagermöglichkeit für **Kohl-** und **Wurzelgemüse** ist die Erdmiete. Dazu heben wir einen Frühbeetkasten tief aus und lagern darin eingebettet in eine dicke Strohschicht und ab-

Kohl- und Wurzelgemüse bleibt in der Erdmiete frisch.

gedeckt mit Erde unsere Gemüse. Selbstverständlich werden vor dem Einlagern alle beschädigten Pflanzenteile entfernt.

Chicoree treiben

Chicoreewurzeln stechen wir aus dem Boden, entfernen das Laub und schlagen sie dicht stehend in Kisten ein. Zum Antreiben stellen wir sie in einen temperierten, dunklen Raum und gießen sie kräftig an. Erntereif ist Chicoree, wenn die Sprossen ca. 3 cm Durchmesser und ca. 10 cm Höhe erreicht haben. Zur Treiberei geeignet sind u. a. die Sorten 'Monitor', 'Totem' und 'Salsa'. Zum Antreiben unter einer Erdabdeckung ist die Sorte 'Brüsseler Witloof' geeignet.

Grünkohl bleibt im Freien!

Grünkohl verbleibt ohne Schutz auf dem Beet, er entwickelt erst nach Frosteinwirkung seinen typischen Geschmack.
Feldsalat, Spinat und **Postelein** wachsen auch bei niederen Temperaturen weiter. Wir putzen gelegentlich abgestorbene Pflanzenteile und Unkraut aus. Gegen zu strenge Fröste schützen wir auch sie mit einem Vlies.

Arbeiten im Gewächshaus

Auch **Kopfsalat** und **Endivien** im Frühbeet oder Gewächshaus decken wir mit einer Vliesauflage ab. Die Ernte ist dann auch bei stärkerem Frost möglich.
Durch die hohe Luftfeuchtigkeit bei trübem Wetter kommt es schnell zur Ausbreitung von **Grauschimmel**. Deshalb lüften wir an sonnigen Tagen ausgiebig und gießen nur sparsam.

Ernteabfälle kompostieren

Bei der Ernte der verschiedenen Gemüsearten fallen jetzt größere Mengen an Ernteabfällen an, die wir auf dem Komposthaufen entsorgen können. Dabei ist es besonders wichtig, dass das Kompostiergut gleichmäßig vermischt auf den Komposthaufen gelangt. Um eine ausreichende Durchlüftung des Haufens sicher zu stellen, müssen sich weiche, krautige Pflanzenreste mit härteren, holzigen Abfällen jeweils abwechseln.
Auch der Komposthaufen ist für einen Winterschutz dankbar. Dazu decken wir ihn mit einer Schicht aus Falllaub oder Stroh ab. Dabei machen wir keinen Unterschied zwischen einem frisch aufgesetzten und einem bereits durchgerotteten Haufen.

Obstgarten

Das Obstlager kontrollieren

Feuchte und kühle Luft ist ideal für die Obstlagerung. An frostfreien Tagen lassen wir Fenster und Türen des Lagerraums offen stehen. Bei der regelmäßigen Kontrolle entfernen wir faulige Früchte (siehe Seite 124).
Bei offenem Boden ist immer noch Pflanzzeit für Obstbäume und Beerensträucher.

Stützpfahl überprüfen

Haben wir die frisch gepflanzten Obstbäume noch nicht mit einem Stützpfahl versehen, so ist dies jetzt dringend notwendig. Gleichzeitig kontrollieren wir die Pfähle und das Bindematerial früher gepflanzter Bäume.
Vor Wintereinbruch bedecken wir die Baumscheiben nochmals mit einer Mulchschicht aus Laub oder Rasenschnitt.

Schutz vor Wildverbiss

Beerensträucher und junge Bäume schützen wir bei Bedarf vor Wildverbiss mit Kunststoffmanschetten oder Drahtgeflechten, die wir in der Baumschule erhalten können.

Dezember

Gutes Werkzeug – Das A und O für Spaß im Garten

Verschiedene Sägen sowie Hippe, Spachtel und Baumwachs sind wichtige Werkzeuge für den Baumschnitt. Eine gute Schere benötigt der Gärtner das ganze Jahr.

Gartengeräte erleichtern dem Gärtner die Arbeit. Damit sie dies zufriedenstellend tun können, bedürfen sie guter Pflege und sachgerechter Auswahl beim Kauf. Häufig benötigte Geräte wie Spaten, Schere, Messer, Grabgabel und Schubkarre müssen zuverlässig funktionieren. Die meisten Gartenwerkzeuge sind Handgeräte; deshalb müssen Körpergröße, Handgröße und Handspanne des Gärtners beim Kauf berücksichtigt werden.

Spaten und Grabgabel

Spaten und Grabgabel stellt man neben sich auf den Boden; greift man mit waagerechtem Unterarm exakt zum Griff, hat der Stiel die passende Länge. Es gibt T-, D- und Kugelgriffe; für welchen man sich entscheidet, ist Geschmacksache. Am weitesten verbreitet ist der T-Griff. Er liegt gut in der Hand und kann verschieden gegriffen werden, die Handkraft lässt sich damit leicht übertragen.

Der Stiel sollte aus Eschenholz sein. Das Spatenblatt, immer aus geschmiedetem Stahl, hat in der Regel einen Schaft mit zwei Zungen. Der Stiel lässt sich so besser einpassen. Eine kleine Trittfläche an der Spatenblattoberkante schont die Sohlen der Arbeitsschuhe. Bei geschmiedeten Spatenblättern sind dazu oft kleine Federstahlröhrchen aufgeschoben. Stiel und Blatt sind miteinander vernietet. Bricht der Gabel- oder Spatenstiel ab, ist der

Schmied für die Reparatur zuständig. Spaten und Grabgabel sind auch in Edelstahlausführung mit unbrechbarem Griff erhältlich – die Entscheidung ist eine Preisfrage.

Gartenschere und Gärtnermesser

Die Gartenschere ist ein sehr häufig benütztes Werkzeug. Leistungsfähige Scheren werden aus Schmiedestahl oder geschmiedetem Aluminium hergestellt und haben auswechselbare Klingen. Verschraubte Klingen lockern sich sehr leicht; teurer, aber wesentlich besser sind vernietete Klingen. Scheren sollten zum Reinigen und Klingenschleifen leicht zu zerlegen sein. Ein präziser Schnitt wird mit dem Klingenspiel eingestellt.
Scheren mit verlängerten Schenkeln aus Holz oder geschmiedetem Aluminium nennt man Astscheren. Mit ihnen lassen sich auch dickere Zweige und Äste leicht schneiden.
Gärntermesser sind einseitig geschliffen, besitzen eine Stahlklinge und Griffflächen aus Edelholz oder Kunststoff. Eine stabile Klingenlagerung ist wichtig.

Schubkarren

Schubkarren sind wichtige Transportmittel im Garten. Es gibt ein- und zweirädrige Ausführungen. Handlicher und beweglicher sind die einrädrigen Karren. Bei ihnen lastet aber relativ viel Gewicht auf den Griffen und muss getragen werden. Karren mit schmalen, höheren Wannen und breiten, flacheren Wannen stehen zur Verfügung. Der Wanneninhalt beträgt in der Regel 80 bis 100 Liter. Verzinkte Wannen und Gestelle sind korrosionsbeständig. Auf ebenem Untergrund können Karren mit Vollgummibereifung eingesetzt werden, unebener Untergrund erfordert Luftbereifung, doch birgt dies das Risiko eines »Platten«.

Arbeitskleidung

Der persönliche Arbeitsschutz bei normaler Gartenarbeit besteht aus Handschuhen, eng anliegender, zweckmäßiger Arbeitskleidung und, für manche Arbeiten wichtig, aus Arbeitsschuhen mit Stahlkappen.

Weitere Geräte

Andere, weniger benützte Handgeräte sind die **Schlaghacke** oder Erdschwalbe zur Unkrautbekämpfung, der **Sauzahn** zur tieferen Bodenlockerung (siehe Seite 128) und der **Krail** für die grobe Bodenbearbeitung. **Pickel** und **Hebeeisen** benötigt man für grobe Grabarbeiten oder Steinarbeiten, **Handgrubber** und **Kultivator** dienen zur oberflächlichen Bodenlockerung. Ein **Holzrechen** ist ideal zum Einebnen der Saat- und Pflanzbeete, aber auch zum Zusammenziehen von Grasschnitt, Heu und Heckenschnitt. Für Pflanzarbeiten nützlich ist ein **Reihenzieher.** Zur Heckenpflege gehört eine **Heckenschere** als Hand- oder Elektrogerät.
Schlauch und Gießgerät erleichtern das oft zeitaufwändige Wässern unserer Pflanzen erheblich. Für kleinere Gärten reicht ein Schlauch- und Armaturenquerschnitt von $1/2$ Zoll aus, bei höherem Wasserbedarf ist ein Querschnitt von $3/4$ Zoll sinnvoll. Kunststoffkupplungen wollen schonend behandelt werden, GeKa-Kupplungen halten ein Leben lang und auch großen Belastungen stand. Werden die Kupplungsverbindungen undicht, muss die Dichtung erneu-

Beim Werkzeugkauf sollte man unbedingt auf gute Qualität achten, denn dann benützt man die Geräte auch gerne.

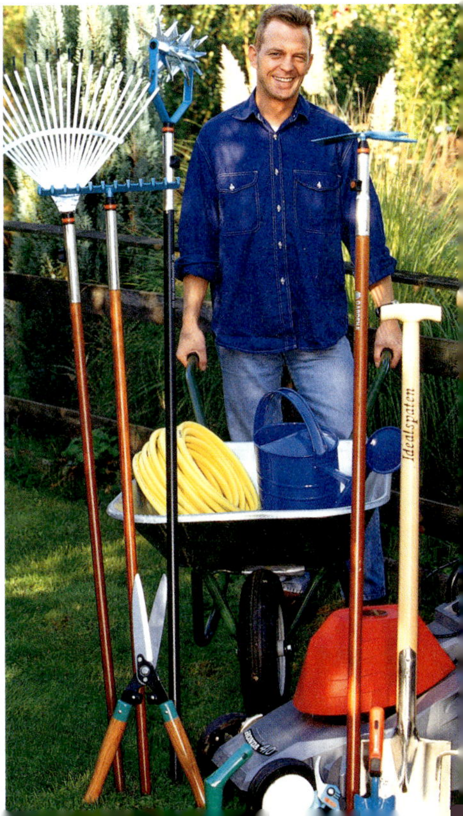

ert werden. Für Gärtner mit wenig Zeit ist der Kauf einer **Bewässerungsautomatik** überlegenswert. Besonders bei Balkonblumen und Kübelpflanzen leistet sie wertvolle Dienste. Für die anfänglich nötige Einstellung sollte man genügend Zeit einplanen, da erst einige Probeläufe eine optimale Anpassung an örtliche Gegebenheiten und die damit verbundene sichere Funktion gewährleisten.

Kleine Handgeräte

Kleine Handgeräte sind die **Pflanzschaufel** mit geschmiedetem Blatt, das **Pflanzholz**, der **Hand-Krail** zur vorsichtigen Bodenlockerung sowie die **Astsäge** mit verstellbarem Sägeblatt. Eine **Pflanzschnur** kann man leicht selbst herstellen, indem man eine Maurerschnur an beiden Enden an einem Rundholz befestigt und die Schnur dann über Kreuz auf einem Holz aufwickelt.

Motorgeräte

Wesentlich höhere Investitionen sind für den Kauf einer Gartenfräse oder eines Schredders nötig. Da diese Geräte nur selten im Einsatz sind, ist ein Gemeinschaftskauf mit anderen Gartenliebhabern sinnvoll. **Gartenfräsen** besitzen einen Zwei- oder Viertaktbenzinmotor. Zweitakter sind oft leichter und preisgünstiger, sie werden mit einem Benzin-Öl-Gemisch betrieben. Eine Leistung von 3 bis 5 PS ist ausreichend.

Der sichere Umgang mit der Gartenfräse erfordert etwas Übung.

Gartenfräsen sollten unbedingt ein Antriebsrad oder eine Antriebsachse haben. Fräsen ohne Antriebsräder sind für steilen Seilwindenbetrieb entwickelt und im normalen Kleingarten völlig nutzlos. Kleinere Modelle sind mit Hackmessern ausgerüstet, größere mit Federzinken. Beim Umgang mit Fräsen ist höchste Vorsicht geboten, es besteht Verletzungsgefahr!

Kompostschredder sind nur sinnvoll, wenn im Garten sehr viel Holzschnitt anfällt. Beim Kauf ist auf ausreichende Leistung und absolute Betriebssicherheit zu achten.

Für gelegentliche Pflanzenschutzarbeiten ist eine **Rückenspritze** nötig. Druckluftspritzen aus Metall oder Kunststoff haben sich bewährt, Sie sind mit 5 l oder 10 l Inhalt im Handel.

Geräte für die Anzucht

Besonders bei der Anzucht von Jungpflanzen sind **Saat- und Pikierkisten** und **Multitopfplatten** aus Kunststoff gut geeignet. Gefäße mit glatter Oberfläche lassen sich auch ohne Einsatz »Harter Chemie« gut reinigen. Beim Kauf achtet man auf Haltbarkeit und Recyclingfähigkeit. Torfquelltöpfe erhält man im Fachhandel. Das sie umgebende Kunststoffnetz bleibt auch bei der Weiterkultur am Ballen. Stirbt die Jungpflanze im Quelltopf ab, wird dieser ohne Kunststoffnetz auf dem Kompost entsorgt. Quelltöpfe und andere Anzuchterden dürfen nur einmal verwendet werden.

Vliese schützen unsere Pflanzen vor extremen Temperaturen. Zur Verfrühung im Frühling und zur Ernteverzögerung im Herbst sind sie bestens geeignet. Frisch gepflanzte Pflanzen im Sommer können durch eine Vliesauflage vor allzu großer Sonneneinstrahlung geschützt werden. Sind die jungen Pflanzen angewachsen, muss das Vlies jedoch zügig entfernt werden, um Überhitzungen zu vermeiden.

Seit einiger Zeit werden im Handel **Tomatenschläuche** aus Vliesmaterial angeboten, die problemlos über Tomatenpflanzen gestülpt werden können.

Vliese werden nach ihrem spezifischen Gewicht klassifiziert. Für uns Gärtner ist ein 17 g Vlies bestens geeignet. Vliese sind UV-empfindlich und sollten deshalb dunkel gelagert werden.

Winterliche Gerätepflege

Werkzeuge und Hilfsmittel erleichtern uns die Gartenarbeit. Damit dies immer zuverlässig funktionieren kann, ist jedoch eine fachgerechte Gerätepflege notwendig. Nach einer gründlichen Reinigung am Ende der Saison ist nun die richtige Zeit für Pflegemaßnahmen und kleinere Reparaturen, denn gut gepflegte Geräte garantieren leichtes und vor allem sicheres Arbeiten.

Handgeräte wie **Spaten, Handschaufel, Grabgabel** usw. werden nach der Reinigung mit einem öligen Lappen abgerieben und trocken in Schuppen oder Garage gelagert. **Lockere Werkzeugstiele** quellen nach einem längeren Wasserbad auf und werden wieder fest. **Gartenscheren** werden zerlegt, gereinigt und eventuell beschädigte oder ausgebrochene Klinge gewechselt. Beim Zusammenbau wird das Klingenspiel exakt eingestellt.

Fachgerechte Gerätepflege erhält die Funktionalität.

Um beim Schneiden von Pflanzenteilen keine Quetschungen zu verursachen, müssen Stecklingsmesser sehr scharf sein. Sie werden einseitig mit einem feinkörnigen Abziehstein unter Wasser oder Öl geschliffen. Für die unterschiedlichen Einsatzbereiche gibt es verschiedene Klingenformen.

Alle Geräte, die der Bewässerung dienen, wie **Pumpen, Schläuche, Gießgeräte,** werden entwässert, und, wenn möglich, die Pumpen frostfrei lagern. Nicht frostfrei verlegte Wasserleitungen müssen abgesperrt und entwässert werden. Gießkannen werden entleert und kopfüber aufbewahrt. Kunststoffkannen sind UV empfindlich und sollten daher im Schuppen stehen.

Flüssigkeiten wie **Spritzmittel** und **Dünger** müssen frostfrei gelagert werden.

Pflanzenschutzspritzen mit Aktivkohle reinigen, Armaturen und Schraubverbindungen auf Dichtigkeit prüfen, gegebenenfalls die Dichtungen wechseln. Für hochwertige Spritzen sind alle Ersatzteile und Dichtungen über den Fachhandel zu beziehen. Bei Rückendruckspritzen verschleißt die Kolbendichtung der Luftpumpe sehr schnell. Zum Wechseln wird die Pumpe zerlegt, die Dichtung eingebaut und leicht eingefettet. Nach der Erneuerung baut die Pumpe wieder schnell und leicht den vollen Arbeitsdruck auf.

Schubkarren werden ebenfalls gereinigt, anschließend hochgekippt, um das Rad zu entlasten. Wird die Radachse regelmäßig geschmiert, erleichtert das den Lastentransport.

Gärtnermesser werden einseitig mit einem weichen Abziehstein geschliffen.

Benzingetriebene Maschinen wie Rasenmäher, Fräse usw. bedürfen gesonderter Pflege. Die Schwimmerkammer des Vergasers wird entleert, da Benzin im Winter Wasser aufnimmt und die feinen Düsen im Vergaser verkalken können. Der Tank sollte bei Viertaktmotoren mit Treibstoff gefüllt, bei Zweitaktern entleert werden. Mit einer neuen Zündkerze springen die Motoren besser an. Ein gereinigter oder neuer Luftfilter senkt den Treibstoffverbrauch. Bei Rasenmähern kann jetzt ausgiebig Messerpflege betrieben werden. Auch die Kette der Motorsäge wird jetzt nachgeschärft. Kühlgebläse und Kühlrippen werden gereinigt, um eine Überhitzung während des Betriebes zu vermeiden.

Übersteigt der Reparaturaufwand das handwerkliche Können, sollte man das Werkzeug in eine Fachwerkstatt bringen.

Arbeiten im Dezember

Eigentlich steht uns der Sinn nicht mehr nach Gartenarbeit. Die Adventszeit nimmt uns gefangen, und wir freuen uns auf die ruhigen und besinnlichen Weihnachtstage. Die langen Abende geben uns Zeit, über das vergangene Jahr nachzudenken und unsere Gartennotizen aufmerksam zu studieren. Jetzt können wir uns auch ausgiebig mit Gartenbüchern beschäftigen.

Ziergarten

Letzte Pflegearbeiten

Je nach Witterung sollten bis Mitte des Monats alle Einwinterungsarbeiten abgeschlossen sein. Wasserbehälter und Terrakottagefäße ausleeren und hochstellen, Wasserschläuche entwässern und aufräumen, Wasserleitungen absperren und entleeren, sind jetzt wichtige Arbeiten.
Auch das letzte Laub ist nun gefallen, wir verteilen es noch auf den Beeten oder bedecken den Komposthaufen damit. Mit einem letzten Kontrollgang vergewissern wir uns, dass Vliese und Folien sturmsicher befestigt sind.

Auch winterharte Pflanzen in Kübeln und Pflanzkästen benötigen zusätzlichen Winterschutz. Wir packen sie in eine dicke Schicht aus Laub oder Stroh.
Bei offenem, also noch nicht gefrorenem Boden ist immer noch Pflanzzeit für Gehölze.

Barbarazweige schneiden

Trotz aller Winterstimmung grüßt der kommende Frühling, wenn wir nach den ersten Frösten Barbarazweige schneiden und in die Wohnung bringen. Forsythien- und Kirschenzweige entwickeln sich besonders gut, wenn wir sie nach dem Schnitt mit einem Hammer an den Schnittstellen vorsichtig aufschlagen und anschließend in heißes Zuckerwasser (0,5 kg Zucker auf 10 l Wasser) stellen.

Zwergmispel-Beeren sind ein begehrtes Vogelfutter.

Gemüsegarten

Frischer Schnittlauch

Im Herbst eingetopfte Schnittlauchpflanzen werden in hellen, kühlen Räumen zum Antreiben aufgestellt. Bereits nach wenigen Tagen entwickeln sie schmackhaftes, frisches Grün.

Chicoree treiben

Zum satzweisen Antreiben von Chicoree stellen wir im Abstand von zwei Wochen eine Kiste mit eingeschlagenen Wurzeln in einem warmen und dunklen Raum auf. Kräftiges Wässern nicht vergessen.

Lecker – Butterbrot mit frischer Kresse.

An frostfreien Tagen kann Gemüse aus der Erdmiete entnommen werden. Gleichzeitig wird der Zustand des eingelagerten Gemüses geprüft und faulige Pflanzenteile entfernt.
Frühbeet und Gewächshaus haben oft eine magische Anziehungskraft auf Mäuse. Um größere Schäden zu vermeiden, stellen wir mit Schokoladecreme beköderte Fallen auf (siehe Seite 84).

Frische Kresse

Gartenkresse keimt binnen weniger Tage auch auf einem feuchten Küchentuch. Dazu legen wir ein bis zwei Lagen in eine flache Schale. Die Tücher werden ausgiebig angefeuchtet, um darauf dann die Kressesamen dicht auszusäen.
Während der Keimung dürfen die Tücher nicht austrocknen.

Obstgarten

Letzte Pflegearbeiten

Bei offenem Boden ist immer noch Pflanzzeit für Obstbäume und Beerensträucher. Falls noch nicht geschehen, kontrollieren wir Stützpfähle und Bindematerial älterer Pflanzungen (siehe Seite 118).

Obstlager kontrollieren

Eingelagertes Obst wird regelmäßig auf Faulstellen kontrolliert, von *Monilia* oder anderen Krankheiten und Fäulnis befallenes entsorgen wir auf dem Kompost. Reifende Äpfel scheiden das Reifegas Äthylen aus.
Reichert dieses sich in der Luft des Lagerraumes an, führt es wiederum zu einer Beschleunigung der Reife anderer Obst- und Gemüsearten, was die Lagerfähigkeit unserer Vorräte stark verkürzen kann. So sollten wir beispielsweise nie Äpfel und Kartoffeln zusammen lagern, da letztere dann austreiben. Durch ausgiebiges Lüften an frostfreien Tagen sorgen wir für die nötige Frischluftzufuhr, und das Äthylen entweicht.

Kalkanstrich für die Stämme

Um die Stämme unserer Obstbäume vor Frostrissen zu bewahren, werden sie mit einem Kalkanstrich versehen. Dazu reinigen wir die Stämme vorher mit einer Drahtbürste und entfernen dabei lockere Borkenstücke. Dann bringen wir den Anstrich mit einem dicken Malerpinsel auf.
Bei mildem Wetter können schon die ersten Edelreiser geschnitten werden. Bis zum Frühjahr schlagen wir sie in einer Kiste mit feuchtem Sand ein.

Fruchtmumien entfernen

Beim Gang durch den Obstgarten suchen wir an unseren Obstgehölzen mit einem kritischen Blick nach vertrockneten Fruchtmumien. Sie werden am besten mit dem Hausmüll entsorgt, da sie meist Krankheitserreger enthalten, die auf dem Komposthaufen nichts verloren haben. Hängen gebliebene, gesunde Früchte dienen dagegen vielen Tieren als willkommene Nahrungsquelle.

Angeschlagenes oder fauliges Obst muss sofort aus dem Obstlager entfernt werden.

Stichwortverzeichnis

Seitenzahlen mit * verweisen auf Abbildungen

Bildnachweis

Baumjohann: 11, 25ul, 25ur, 320, 32u, 37, 42, 44ol, 44or, 64, 790
Bieker: 80
Borstell: 1, 2/3, 33u, 35, 50ol, 56, 600, 750, 75u, 770, 93, 97u, 99, 100, 1010 105, 106, 109, 111, 115, 116, 135
Borstell / RHULENHOF: 60u
Bühl: 900
GBA/GPL: 47, 52r, 63u, 65, 68, 84, 90u, 1070, 139u
Kämpfe: 8
MaeDia: 66
Pforr; 10ol, 10or, 16, 38, 73, 83, 89, 91, 92u, 95, 96, 970, 127u, 1330
Redeleit: 5, 140, 150, 15u, 26, 36, 57, 59, 61, 62, 630, 71, 76, 77u, 81,88l, 88r, 920, 98, 102, 107u, 114, 124, 138
Reinhard: 6/7, 14u, 18, 23or, 23u, 30, 31ur, 39, 41, 45, 67u, 78, 79u, 82, 87, 103, 104, 117, 120r, 122r, 121, 125, 128, 1310, 133u, 136, 140, 1410
Reithmeier: 280
Ruckszio: 17, 53, 55, 131u, 132
Sammer: 23ol, 24, 28u, 52l, 670, 119, 141u
Seidl: 33l, 40, 49, 70, 101u, 122l
Stork: 4, 12, 86, 85, 113, 126, 1270, 1300, 130u, 137
Strauß: 31ul, 50ur, 54, 69, 110, 118l, 118r, 120u, 122M
Sulzberger: 75or, 75ur
Thinschmidt: 25ur/Einklinker, 29, 74, 94, 1390

Grafiken: Heidi Janicek, außer Seite 22 (Satz + Layout Peter Fruth GmbH)

Wir danken den Betreibern des Rhulenhofes für die Möglichkeit zur Aufnahme der Kübelpflanzengruppe auf Seite 60 unten.

Gewidmet meiner Familie.

Die Deutsche Bibliothek – CIP-Einheitsaufnahme

Ein Titeldatensatz für diese Publikation ist bei Der Deutschen Bibliothek erhältlich

BLV Verlagsgesellschaft mbH
München Wien Zürich
80797 München

Umschlaggestaltung:
Studio Schübel, München

Umschlagfotos (vorne und hinten):
Borstell 2, Pforr, Redeleit

Layoutkonzept Innenteil:
Parzhuber und Partner
Lektorat: Dr. Thomas Hagen
Herstellung: Hermann Maxant

Layout und DTP: Satz + Layout
Peter Fruth GmbH, München
Reproduktionen: Digital Picture
Reprotechnik GmbH, München

Druck und Bindung:
Druckhaus Neue Stalling, Oldenburg

Gedruckt auf chlorfrei gebleichtem Papier

Printed in Germany ·
ISBN 3-405-15842-7